Impressum
Verlag: BABADADA GmbH, Nedderfeld 112 , 22529 Hamburg
Geschäftsführer / Verlagsleitung: Harald Hof
Druck: Books on Demand GmbH, In de Tarpen 42, 22848 Norderstedt

Imprint
Publisher: BABADADA GmbH, Nedderfeld 112 , 22529 Hamburg, Germany
Managing Director / Publishing direction: Harald Hof
Print: Books on Demand GmbH, In de Tarpen 42, 22848 Norderstedt

skola
σχολείο

dividera
διαιρώ

186/2

tavla
πίνακας

klassrum
σχολική τάξη

skolgård
σχολική αυλή

lärare
δάσκαλος

papper
χαρτί

skriva
γράφω

penna
στυλό

skrivbord
γραφείο

linjal
χάρακας

bok
βιβλίο

elev
μαθητής

skolväska

σχολική τσάντα

pennfodral

κασετίνα/ μολυβοθήκη

blyertspenna

μολύβι

pennvässare

ξύστρα

suddgummi

γόμα

ritblock

μπλοκ ζωγραφικής

teckning

ζωγραφική

pensel

πινέλο

målarlåda

κουτί χρωμάτων

sax

ψαλίδι

lim

κόλλα

övningsbok

τετράδιο ασκήσεων

hemläxa

εργασία για το σπίτι

tal

αριθμός

2+2

addera

προσθέτω

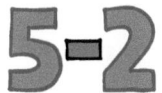

subtrahera

αφαιρώ

multiplicera

πολλαπλασιάζω

räkna

υπολογίζω

bokstav

γράμμα

alfabet

αλφάβητο

ord

λέξη

text

κείμενο

läsa

διαβάζω

krita

κιμωλία

lektion

μάθημα

register

εγγράφομαι

prov

τεστ

intyg

πιστοποιητικό

skoluniform

μαθητική στολή

utbildning

εκπαίδευση

uppslagsverk

εγκυκλοπαίδεια

universitet

πανεπιστήμιο

mikroskop

μικροσκόπιο

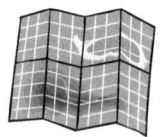

karta

χάρτης

papperskorg

καλάθι αχρήστων

resa
ταξίδι

hotell
ξενοδοχείο
Grand
vandrarhem
ξενώνας
ROOMS
EXCHANGE
växelkontor
ανταλλακτήρια συναλλάγματος
resväska
βαλίτσα
bil
αυτοκίνητο

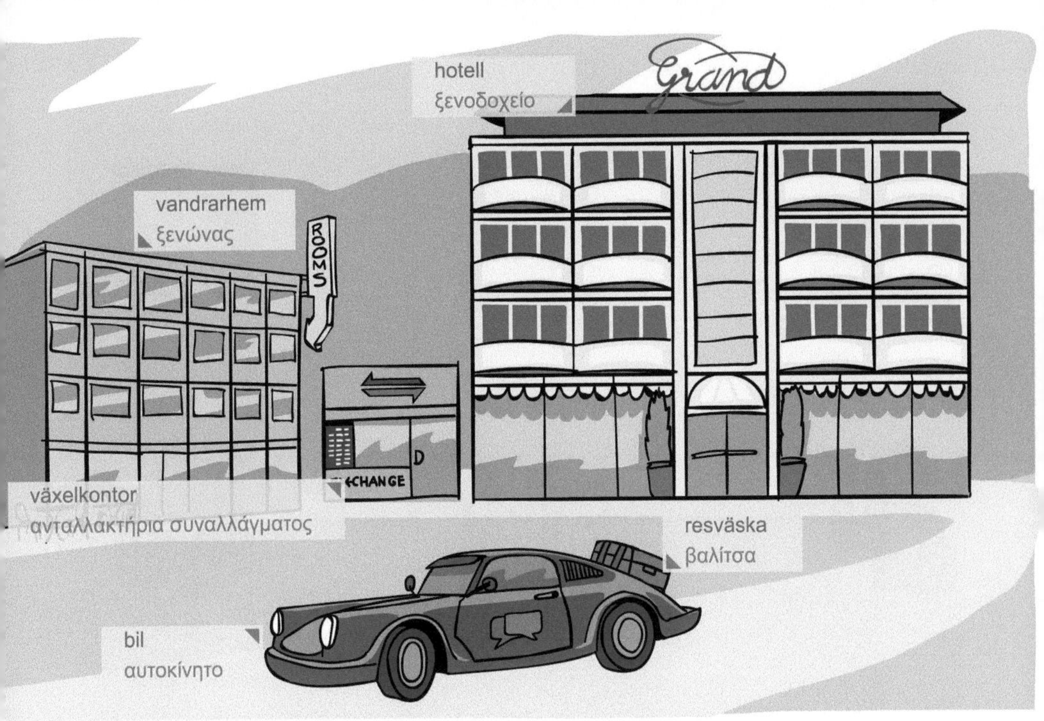

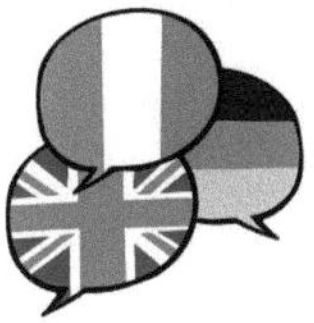

språk

γλώσσα

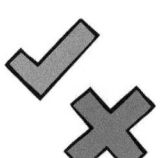

ja / nej

ναι / όχι

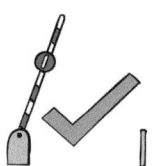

Okay

εντάξει

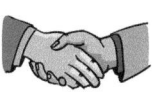

hej

γεια σου

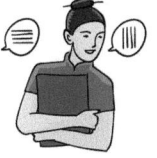

översättare

μεταφραστής

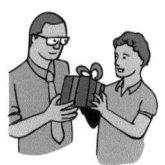

Tack

Ευχαριστώ

hur mycket kostar...?

πόσο κάνει ;

jag förstår inte

Δε καταλαβαίνω

problem

πρόβλημα

God kväll!

Καλησπέρα!

God morgon!

Καλημέρα!

God natt!

Καληνύχτα!

hejdå

Αντίο

riktning

κατεύθυνση

bagage

αποσκευές

väska

τσάντα

ryggsäck

σακίδιο πλάτης

gäst

καλεσμένος

rum

δωμάτιο

sovsäck

υπνόσακος

tält

σκηνή

turistinformation

τουριστικές πληροφορίες

strand

παραλία

kreditkort

πιστωτική κάρτα

frukost

πρωινό

lunch

μεσημεριανό

middag

δείπνο

biljett

εισιτήριο

hiss

ανελκυστήρας

frimärke

γραμματόσημο

gräns

σύνορα

tull

τελωνείο

ambassad

πρεσβεία

visum

βίζα

pass

διαβατήριο

transport

μεταφορά

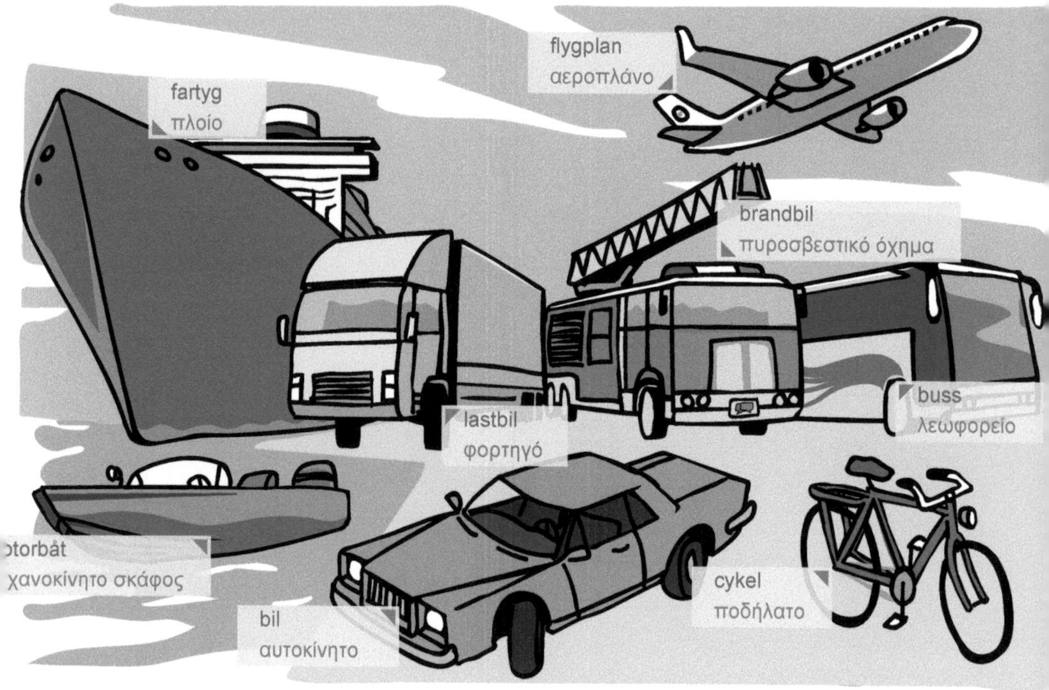
flygplan
αεροπλάνο
fartyg
πλοίο
brandbil
πυροσβεστικό όχημα
buss
λεωφορείο
lastbil
φορτηγό
torbåt
χανοκίνητο σκάφος
cykel
ποδήλατο
bil
αυτοκίνητο

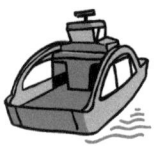

färja

φεριμπότ

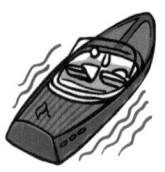

båt

βάρκα

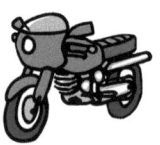

motorcykel

μοτοσικλέτα

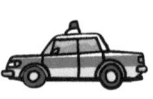

polisbil

περιπολικό

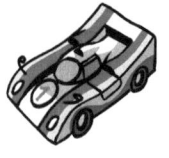

racerbil

αγωνιστικό αυτοκίνητο

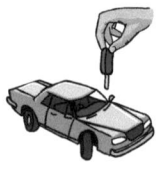

hyrbil

ενοικιαζόμενο αυτοκίνητο

bilpool
διαμοιρασμός αυτοκινήτων

bärgningsbil
γερανός

sopbil
απορριμματοφόρο

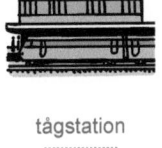

motor
κινητήρας

bränsle
καύσιμο

bensinstation
βενζινάδικο

vägmärke
πινακίδα σήμανσης

trafik
κυκλοφορία

bilkö
κυκλοφοριακή συμφόρηση

parkeringsplats
χώρος στάθμευσης

tågstation
σιδηροδρομικός σταθμός

räls
σιδηροδρομικές γραμμές

tåg
τρένο

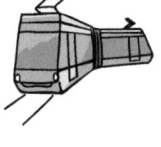

spårvagn
τραμ

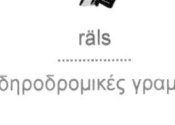

vagn
βαγόνι

helikopter
ελικόπτερο

flygplats
αεροδρόμιο

torn
πύργος

passagerare
επιβάτης

container
εμπορευματοκιβώτιο

kartong
χαρτοκιβώτιο

vagn
καρότσι

korg
καλάθι

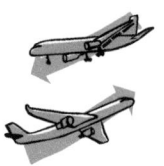

starta / landa
απογειώνομαι /
προσγειόνομαι

stad

πόλη

by
χωριό

centrum
κέντρο της πόλης

hus
σπίτι

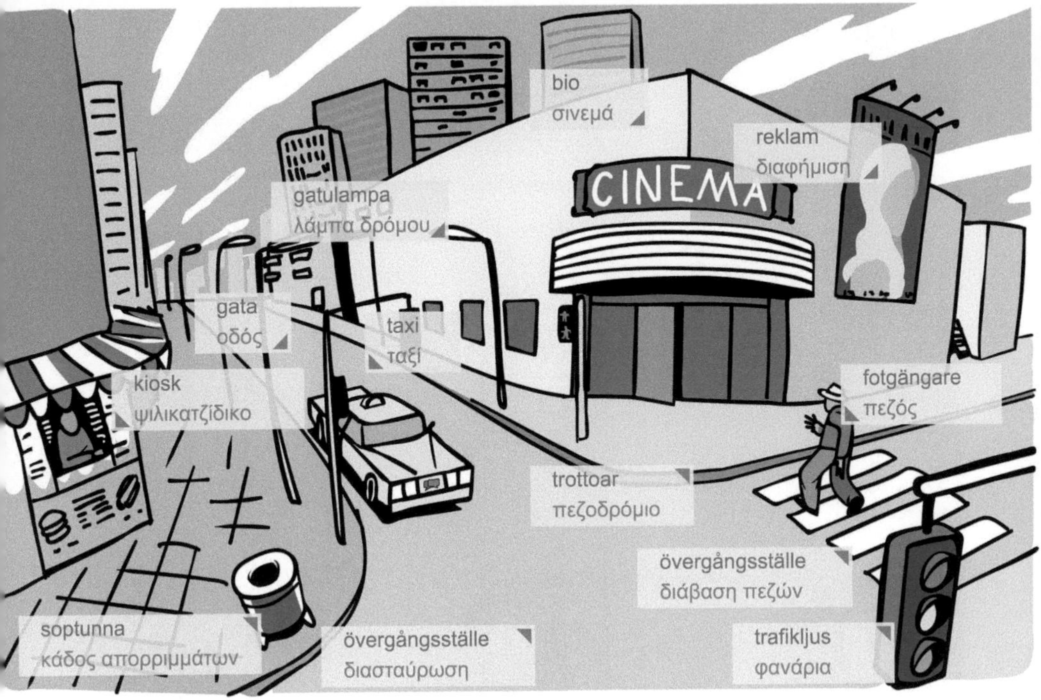

bio
σινεμά
reklam
διαφήμιση
CINEMA
gatulampa
λάμπα δρόμου
gata
οδός
taxi
ταξί
kiosk
ψιλικατζίδικο
fotgängare
πεζός
trottoar
πεζοδρόμιο
övergångsställe
διάβαση πεζών
soptunna
κάδος απορριμμάτων
övergångsställe
διασταύρωση
trafikljus
φανάρια

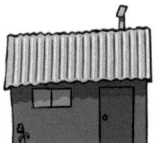

stuga

καλύβα

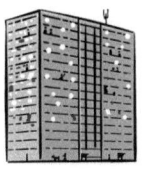

lägenhet

διαμέρισμα

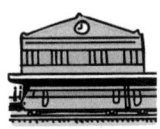

tågstation

σιδηροδρομικός σταθμός

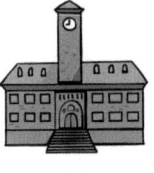

stadshus

δημαρχείο

MUSEUM

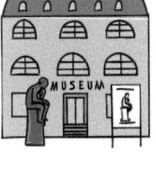

museum

μουσείο

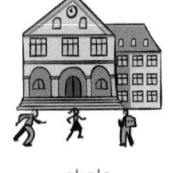

skola

σχολείο

universitet

πανεπιστήμιο

bank

τράπεζα

sjukhus

νοσοκομείο

hotell

ξενοδοχείο

apotek

φαρμακείο

kontor

γραφείο

bokhandel

βιβλιοπωλείο

affär

κατάστημα

blomsterbutik

ανθοπωλείο

stormarknad

σούπερ μάρκετ

marknad

αγορά

varuhus

πολυκατάστημα

fiskhandlare

ιχθυοπωλείο

köpcentrum

εμπορικό κέντρο

hamn

λιμάνι

park

πάρκο

bänk

παγκάκι

brygga

γέφυρα

trappa

σκάλες

tunnelbana

μετρό

tunnel

τούνελ

busshållplats

στάση λεωφορείου

bar

μπαρ

restaurang

εστιατόριο

brevlåda

γραμματοκιβώτιο

gatuskylt

πινακίδα δρόμου

parkeringsautomat

παρκόμετρο

zoo

ζωολογικός κήπος

simbassäng

πισίνα

moské

τζαμί

stad - πόλη

bondgård
αγρόκτημα

förorening
ρύπανση

kyrkogård
νεκροταφείο

kyrka
εκκλησία

lekplats
παιδική χαρά

tempel
ναός

landskap

τοπίο

lön
φύλλο

vägskylt
πινακίδα κατεύθυνσης

väg
δρόμος

äng
λιβάδι

sten
πέτρα

liftare
πεζοπόρος

träd
δέντρο

flod
ποτάμι

gräs
χορτάρι

blomma
λουλούδι

dal
κοιλάδα

kulle
λόφος

sjö
λίμνη

skog
δάσος

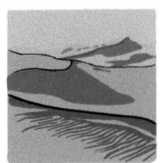

öken
έρημος

vulkan
ηφαίστειο

slott
κάστρο

regnbåge
ουράνιο τόξο

svamp
μανιτάρι

palm
φοίνικας

mygga
κουνούπι

fluga
μύγα

myra
μυρμήγκι

bi
μέλισσα

spindel
αράχνη

skalbagge

σκαθάρι

groda

βάτραχος

ekorre

σκίουρος

igelkott

σκαντζόχοιρος

hare

λαγός

uggla

κουκουβάγια

fågel

πουλί

svan

κύκνος

vildsvin

αγριογούρουνο

rådjur

ελάφι

älg

άλκη

damm

φράγμα

vindkraftverk

ανεμογεννήτρια

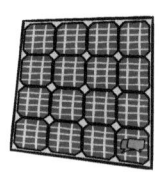

solcellspanel

ηλιακός συλλέκτης

klimat

κλίμα

restaurang

εστιατόριο

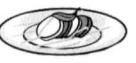

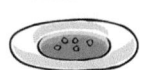

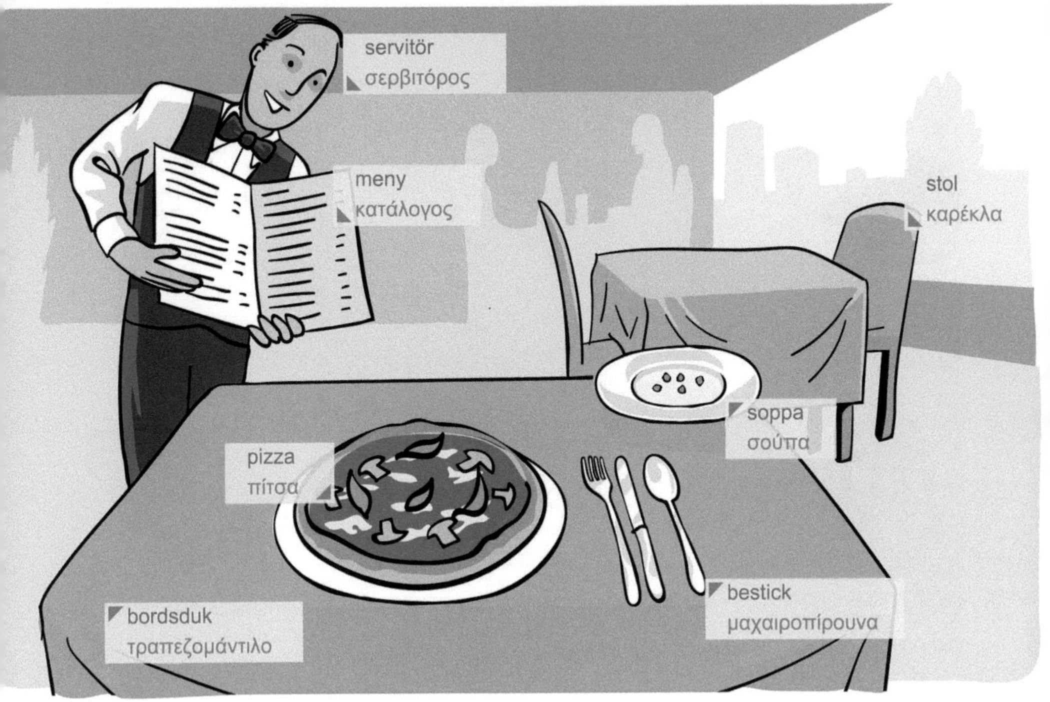
servitör
σερβιτόρος
meny
κατάλογος
stol
καρέκλα
soppa
σούπα
pizza
πίτσα
bestick
μαχαιροπίρουνα
bordsduk
τραπεζομάντιλο

förrätt

ορεκτικό

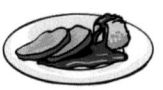

huvudrätt

κύριο πιάτο

dessert

επιδόρπιο

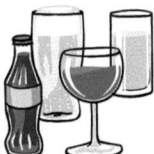

drycker

ποτά

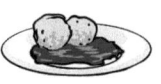

mat

φαγητό

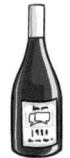

flaska

μπουκάλι

snabbmat

φαστ φουντ

street food

φαγητό στ' όρθιο

tekanna

τσαγιέρα

sockerskål

δοχείο ζάχαρης

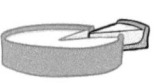

portion

μερίδα

espressomaskin

μηχανή εσπρέσο

barnstol

ψηλή καρέκλα

räkning

λογαριασμός

bricka

δίσκος

kniv

μαχαίρι

gaffel

πιρούνι

sked

κουτάλι

tesked

κουταλάκι του τσαγιού

servett

πετσέτα φαγητού

glas

ποτήρι

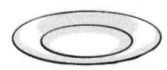

tallrik
πιάτο

sopptallrik
πιάτο σούπας

tefat
πιατάκι φλιτζανιού

sås
σάλτσα

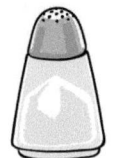

saltkar
αλατιέρα

pepparkvarn
μύλος για πιπέρι

vinäger
ξύδι

olja
λάδι

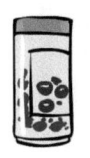

kryddor
μπαχαρικά

ketchup
κέτσαπ

senap
μουστάρδα

majonnäs
μαγιονέζα

stormarknad

σούπερ μάρκετ

specialerbjudande
προσφορά
FOR
kund
πελάτης
mejeriprodukter
γαλακτοκομικά προϊόντα
frukt
φρούτα
varukorg
καρότσι για ψώνια

BUTCHERS

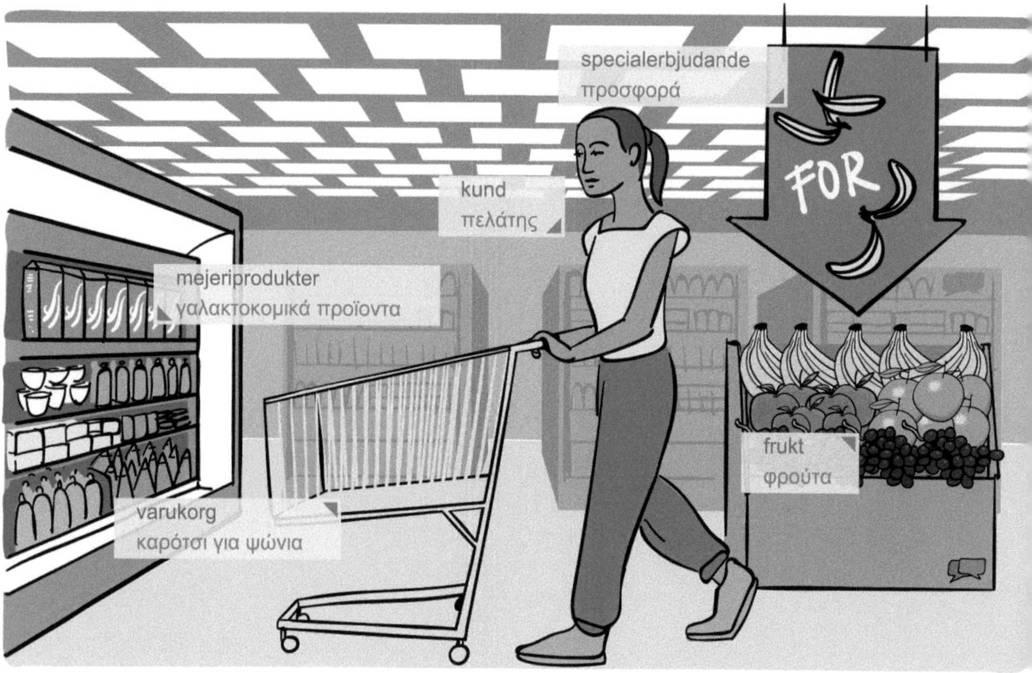

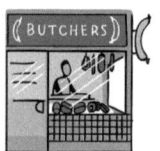

charkuteri

κρεοπωλείο

BAKERY

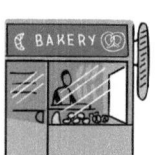

bageri

φούρνος

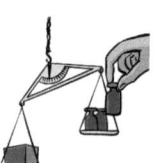

väga

ζυγίζω

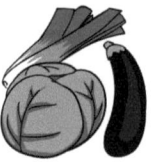

grönsaker

λαχανικά

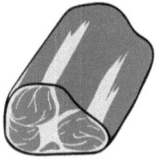

kött

κρέας

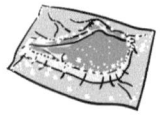

frysta livsmedel

κατεψυγμένα τρόφιμα

pålägg
αλλαντικά

konserver
κονσερβοποιημένη τροφή

tvättmedel
απορρυπαντικό ρούχων

godis
γλυκά

hushållsprodukter
οικιακά είδη

rengöringsmedel
καθαριστικά προϊόντα

försäljare
πωλήτρια

kassa
ταμείο

kassör
ταμίας

inköpslista
λίστα για ψώνια

öppettider
ωράριο λειτουργίας

plånbok
πορτοφόλι

kreditkort
πιστωτική κάρτα

väska
τσάντα

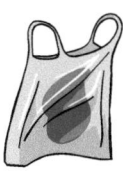

plastpåse
πλαστική σακούλα

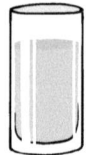

vatten

νερό

juice

χυμός

mjölk

γάλα

cola

κόκα κόλα

vin

κρασί

öl

μπίρα

alkohol

αλκοόλ

kakao

κακάο

te

τσάι

kaffe

καφές

espresso

εσπρέσο

cappuccino

καπουτσίνο

banan

μπανάνα

äpple

μήλο

apelsin

πορτοκάλι

melon

πεπόνι

citron

λεμόνι

morot

καρότο

vitlök

σκόρδο

bambu

μπαμπού

lök

κρεμμύδι

svamp

μανιτάρι

nötter

ξηροί καρποί

nudlar

νουντλς

spaghetti

μακαρόνια

ris

ρύζι

sallad

σαλάτα

pommes frites

πατατάκια

stekt potatis

τηγανητές πατάτες

pizza

πίτσα

hamburgare

χάμπουργκερ

smörgås

σάντουιτς

schnitzel

κοτολέτα

skinka

ζαμπόν

salami

σαλάμι

korv

λουκάνικο

kyckling

κοτόπουλο

stek

ψητό

fisk

ψάρι

mat - φαγητό

havregryn

χυλός βρώμης

müsli

μούσλι

cornflakes

κορν φλέικς

mjöl

αλεύρι

croissant

κρουασάν

fralla

ψωμάκι

bröd

ψωμί

rostat bröd

τοστ

kex

μπισκότα

smör

βούτυρο

kvarg

τυρόπηγμα

kaka

κέικ

ägg

αυγό

stekt ägg

τηγανητό αυγό

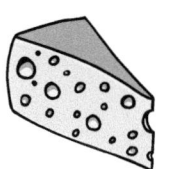

ost

τυρί

glass

παγωτό

socker

ζάχαρη

honung

μέλι

sylt

μαρμελάδα

nougatkräm

άλλειμμα σοκολάτας

curry

κάρυ

mat - φαγητό

bondgård
αγρόκτημα

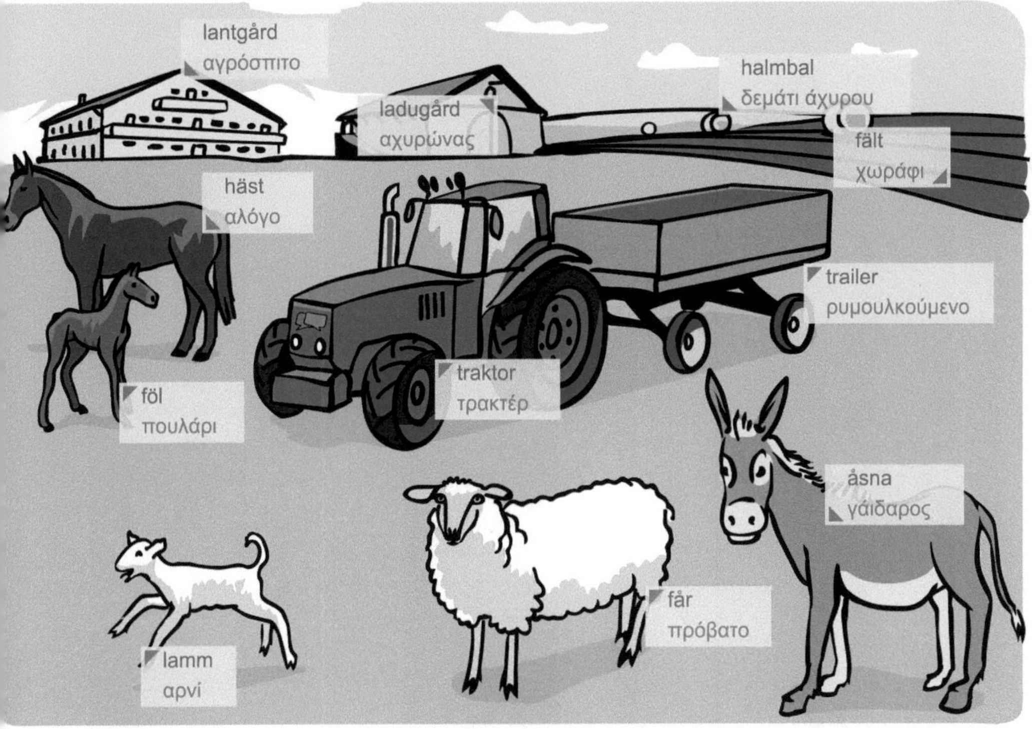
lantgård
αγρόσπιτο
ladugård
αχυρώνας
halmbal
δεμάτι άχυρου
fält
χωράφι
häst
αλόγο
trailer
ρυμουλκούμενο
föl
πουλάρι
traktor
τρακτέρ
åsna
γάιδαρος
får
πρόβατο
lamm
αρνί

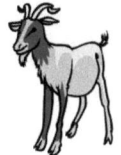

get

κατσίκα

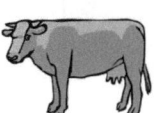

ko

αγελάδα

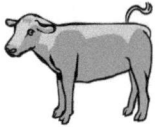

kalv

μοσχαράκι

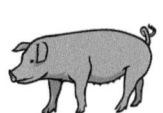

gris

γουρούνι

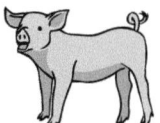

griskulting

γουρουνάκι

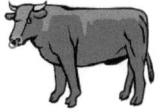

tjur

ταύρος

gås

χήνα

anka

πάπια

kyckling

κοτοπουλάκι

höna

κότα

tupp

κόκορας

råtta

αρουραίος

katt

γάτα

mus

ποντίκι

oxe

βόδι

hund

σκύλος

hundkoja

σπιτάκι σκύλου

trädgårdsslang

λάστιχο κήπου

vattenkanna

ποτιστήρι

lie

θεριστήρι

plog

αλέτρι

skära

δρεπάνι

hacka

τσάπα

högaffel

δίκρανο

yxa

τσεκούρι

skottkärra

χειράμαξα

tråg

ταΐστρα

mjölkflaska

δοχείο γάλακτος

säck

σάκος

staket

φράχτης

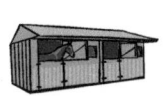

stall

στάβλος

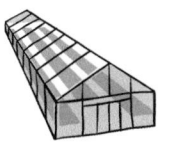

växthus

θερμοκήπιο

jord

έδαφος

säd

σπόρος

gödsel

λίπασμα

skördetröska

θεριζοαλωνιστική μηχανή

skörda

θερίζω

skörd

συγκομιδή

jams

γιαμς

vete

σιτάρι

soja

σόγια

potatis

πατάτα

majs

καλαμπόκι

raps

κράμβη

fruktträd

οπωροφόρο δέντρο

maniok

μανιόκα

spannmål

δημητριακά

hus
σπίτι

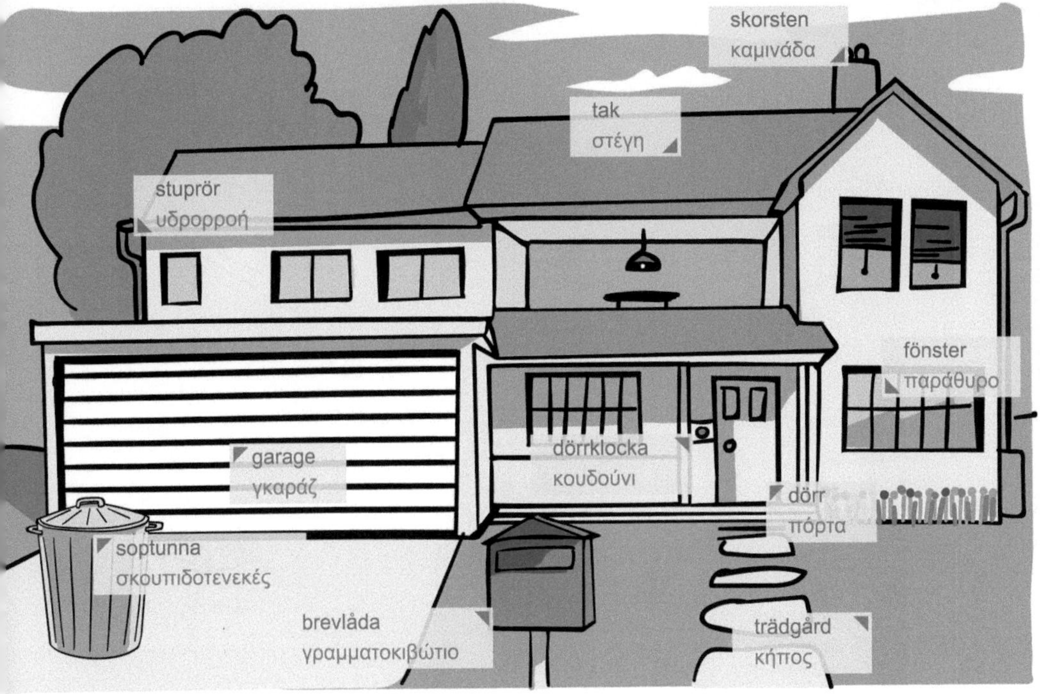

skorsten
καμινάδα
tak
στέγη
stuprör
υδρορροή
fönster
παράθυρο
garage
γκαράζ
dörrklocka
κουδούνι
dörr
πόρτα
soptunna
σκουπιδοτενεκές
brevlåda
γραμματοκιβώτιο
trädgård
κήπος

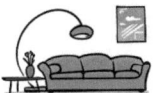

vardagsrum

σαλόνι

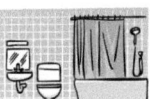

badrum

μπάνιο

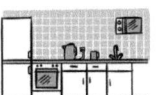

kök

κουζίνα

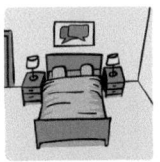

sovrum

υπνοδωμάτιο

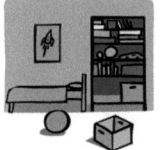

barnrum

παιδικό δωμάτιο

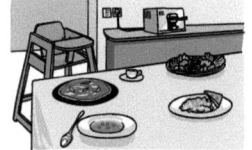

matsal

τραπεζαρία

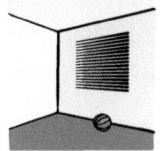

golv
πάτωμα

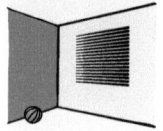

vägg
τοίχος

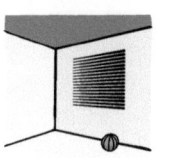

tak
οροφή

källare
κελάρι

bastu
σάουνα

balkong
μπαλκόνι

terrass
βεράντα

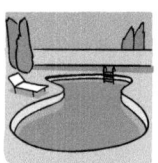

bassäng
πισίνα

gräsklippare
μηχανή του γκαζόν

lakan
σεντόνι

överkast
κάλυμμα κρεβατιού

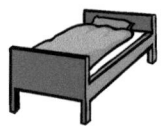

säng
κρεβάτι

kvast
σκούπα

hink
κουβάς

strömbrytare
διακόπτης

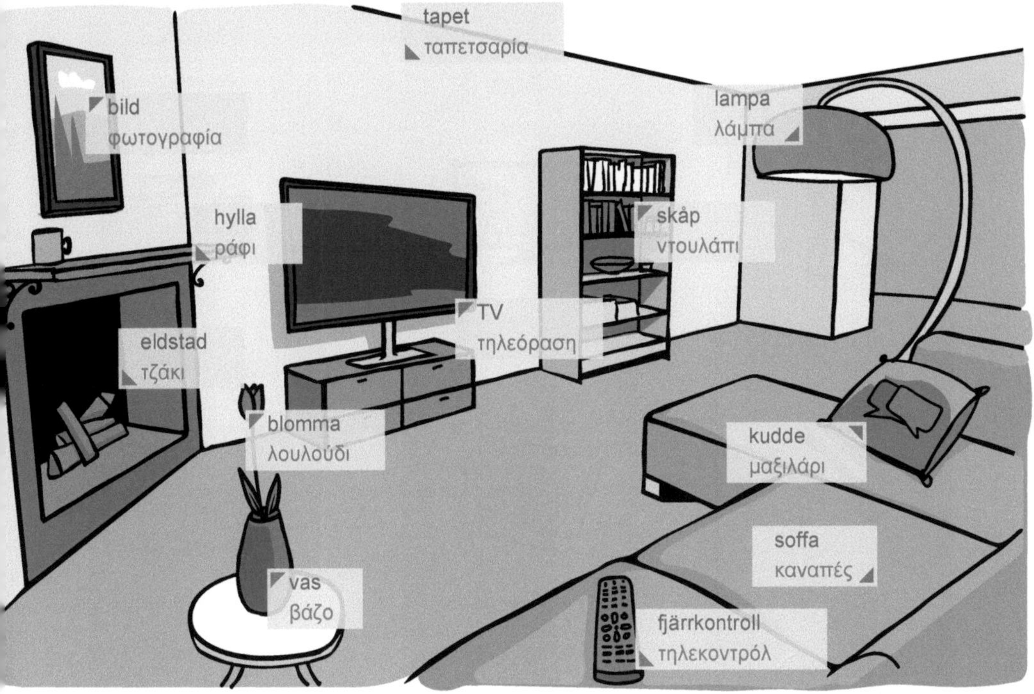

tapet
ταπετσαρία

bild
φωτογραφία

lampa
λάμπα

hylla
ράφι

skåp
ντουλάπι

eldstad
τζάκι

TV
τηλεόραση

blomma
λουλούδι

kudde
μαξιλάρι

soffa
καναπές

vas
βάζο

fjärrkontroll
τηλεκοντρόλ

matta

χαλί

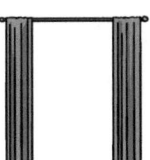

gardin

κουρτίνα

bord

τραπέζι

stol

καρέκλα

gungstol

κουνιστή πολυθρόνα

fåtölj

πολυθρόνα

bok

βιβλίο

filt

κουβέρτα

dekoration

διακόσμηση

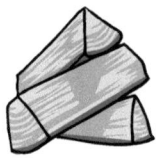

vedträ

καυσόξυλα

film

ταινία

stereoanläggning

στερεοφωνικό σύστημα

nyckel

κλειδί

dagstidning

εφημερίδα

målning

πίνακας ζωγραφικής

poster

αφίσα

radio

ραδιόφωνο

anteckningsbok

σημειωματάριο

dammsugare

ηλεκτρική σκούπα

kaktus

κάκτος

stearinljus

κερί

kök
κουζίνα

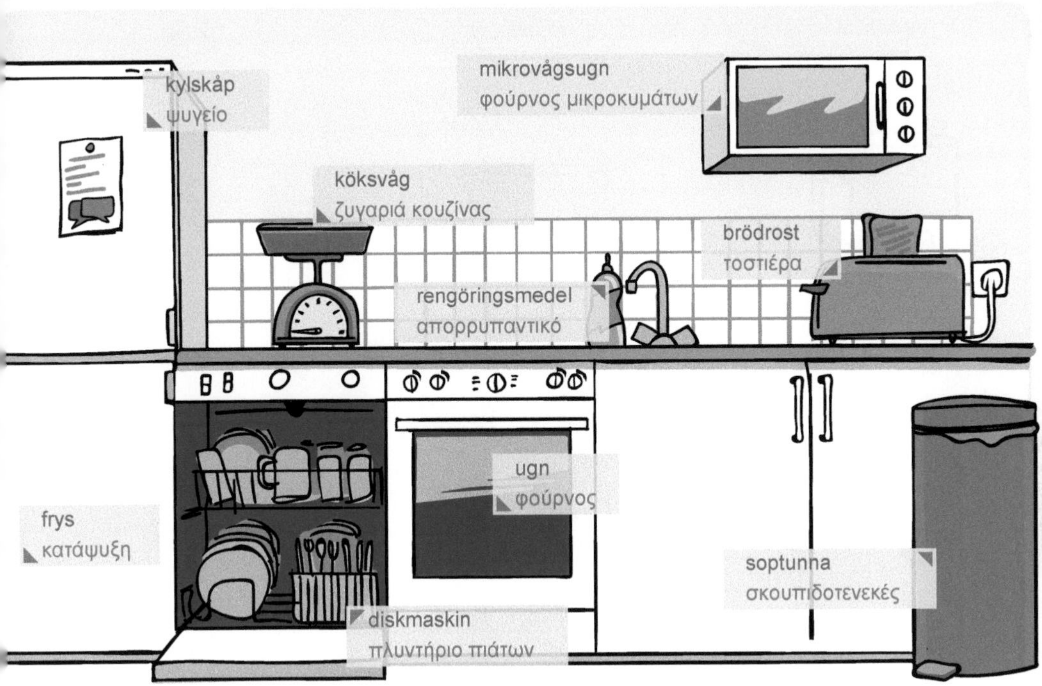

kylskåp
ψυγείο
mikrovågsugn
φούρνος μικροκυμάτων
köksvåg
ζυγαριά κουζίνας
brödrost
τοστιέρα
rengöringsmedel
απορρυπαντικό
ugn
φούρνος
frys
κατάψυξη
soptunna
σκουπιδοτενεκές
diskmaskin
πλυντήριο πιάτων

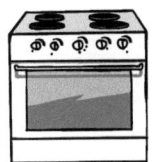

spis

κουζίνα

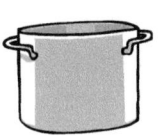

kastrull

κατσαρόλα

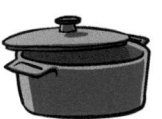

järngryta

μαντεμένια κατσαρόλα

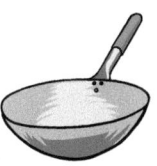

wok / kadai

γουόκ/καντάι

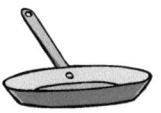

stekpanna

τηγάνι

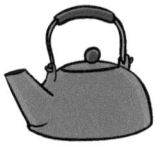

vattenkokare

βραστήρας

ångkokare

ατμομάγειρας

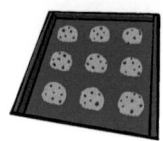

bakplåt

ταψί

porslin

πιατικά

mugg

κούπα

skål

μπολ

ätpinnar

ξυλάκια

soppslev

κουτάλα

stekspade

σπάτουλα

visp

ανακατεύω

durkslag

σουρωτήρι

sil

σουρωτηράκι

rivjärn

τρίφτης

mortel

γουδί

grill

ψησταριά

brasa

ανοιχτή φωτιά

skärbräda

σανίδα κοπής

kavel

πλάστης

korkskruv

ανοιχτήρι φελλών

burk

κονσέρβα

burköppnare

ανοιχτήρι κονσέρβας

grytlapp

γάντι φούρνου

vask

νεροχύτης

borste

βούρτσα

svamp

σφουγγάρι

mixer

μπλέντερ

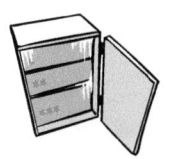

frys

καταψύκτης

nappflaska

μπιμπερό

kran

βρύση

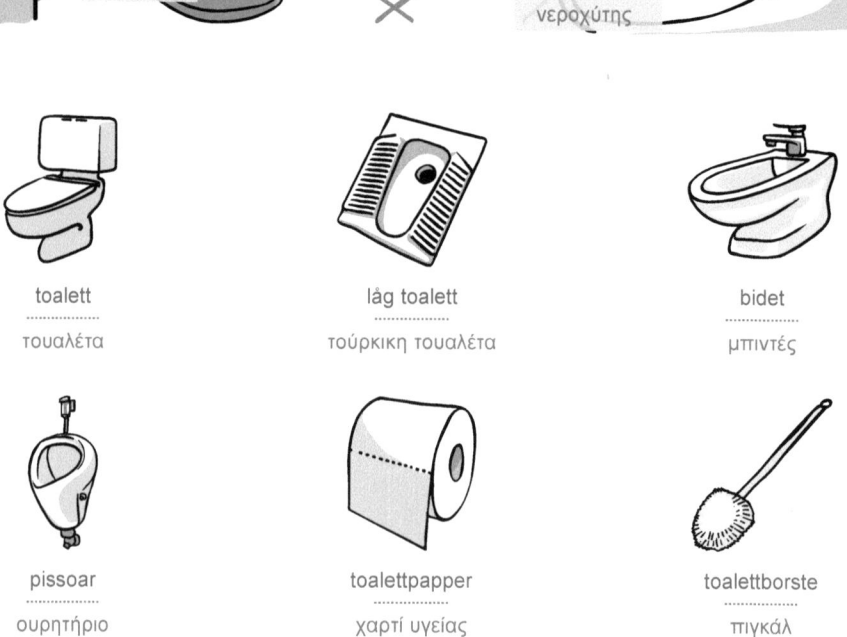

badrum

μπάνιο

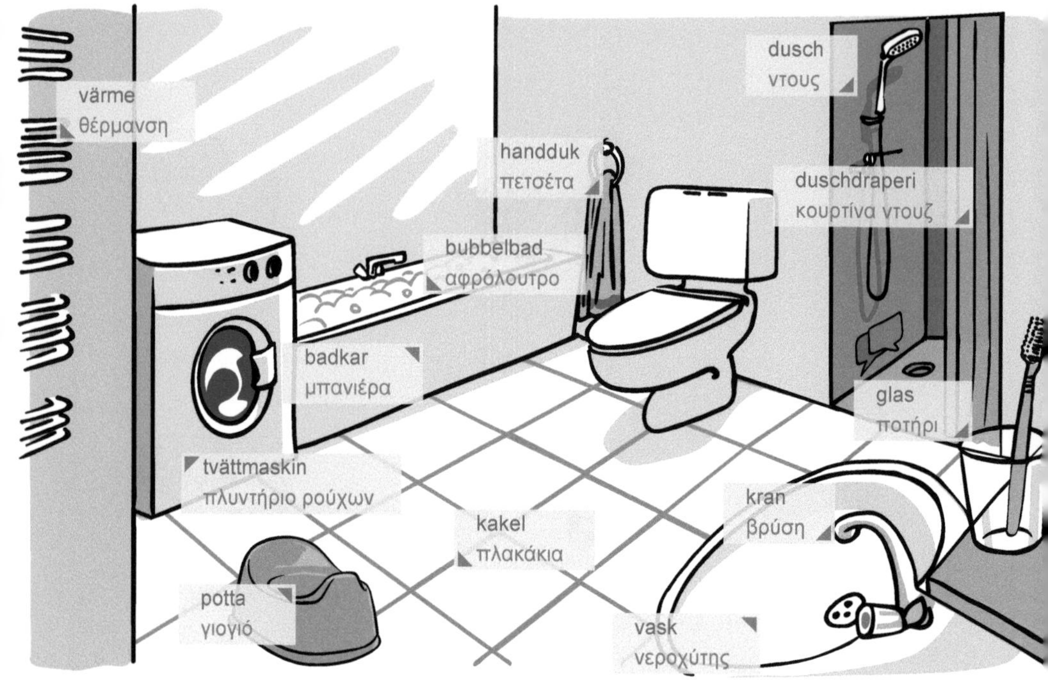

dusch
ντους
värme
θέρμανση
handduk
πετσέτα
duschdraperi
κουρτίνα ντουζ
bubbelbad
αφρόλουτρο
badkar
μπανιέρα
glas
ποτήρι
tvättmaskin
πλυντήριο ρούχων
kran
βρύση
kakel
πλακάκια
potta
γιογιό
vask
νεροχύτης

toalett

τουαλέτα

låg toalett

τούρκικη τουαλέτα

bidet

μπιντές

pissoar

ουρητήριο

toalettpapper

χαρτί υγείας

toalettborste

πιγκάλ

tandborste

οδοντόβουρτσα

tandkräm

οδοντόκρεμα

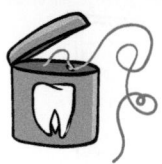

tandtråd

οδοντικό νήμα

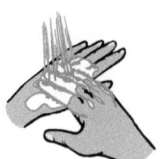

tvätta

πλένω

handdusch

τηλέφωνο ντους

intimdusch

ντουσιέρα

handfat

λεκάνη

ryggborste

βούρτσα πλάτης

tvål

σαπούνι

duschgel

αφρόλουτρο

schampo

σαμπουάν

trasa

φανέλα

avlopp

σιφόνι

crème

κρέμα

deodorant

αποσμητικό

badrum - μπάνιο

spegel

καθρέφτης

handspegel

καθρέφτης χειρός

rakhyvel

ξυραφάκι

raklödder

αφρός ξυρίσματος

rakvatten

αφτερσέιβ

kam

χτένα

borste

βούρτσα

hårtork

σεσουάρ

hårspray

λακ

smink

μακιγιάζ

läppstift

κραγιόν

nagellack

βερνίκι νυχιών

bomullsvadd

βαμβάκι

nagelsax

ψαλίδι νυχιών

parfym

άρωμα

necessär

νεσεσέρ

pall

σκαμπό

våg

ζυγαριά

badrock

μπουρνούζι

gummihandskar

ελαστικά γάντια

tampong

ταμπόν

binda

πετσέτα υγιεινής

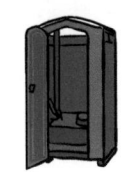

kemisk toalett

χημική τουαλέτα

barnrum
παιδικό δωμάτιο

väckarklocka
ξυπνητήρι
gosedjur
λούτρινο ζωάκι
leksaksbil
αυτοκινητάκι
skallra
κουδουνίστρα
dockhus
κουκλόσπιτο
present
δώρο

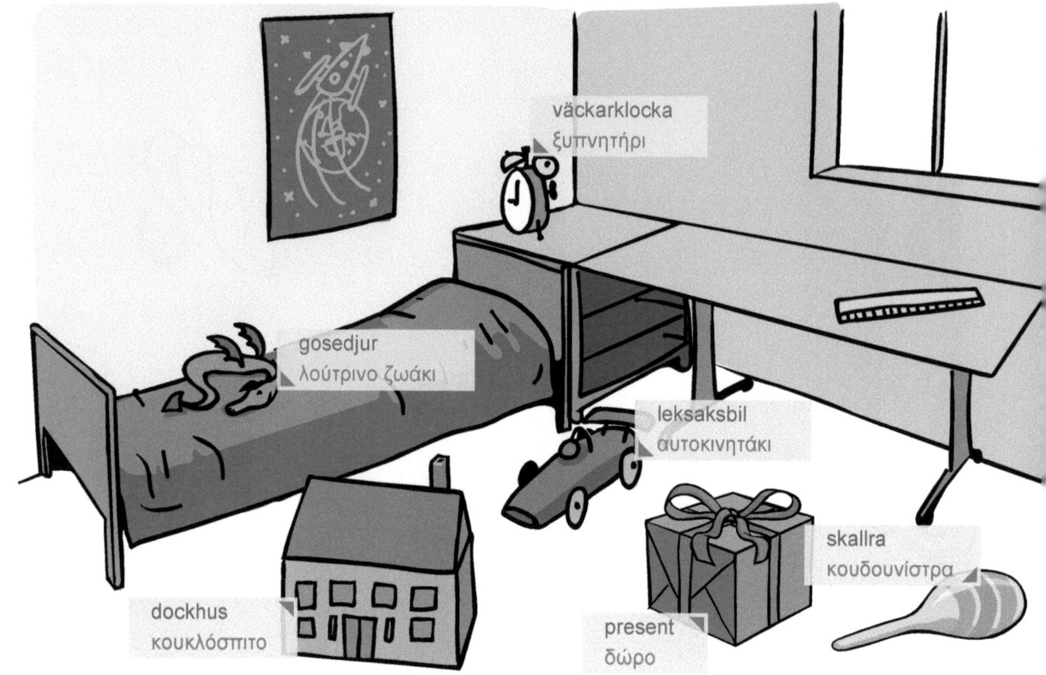

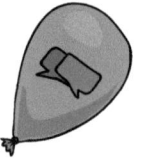

ballong

μπαλόνι

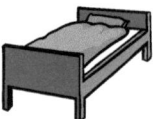

säng

κρεβάτι

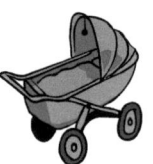

barnvagn

καροτσάκι

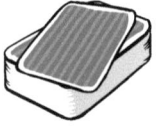

kortlek

τράπουλα

pussel

παζλ

SUPER MEGA

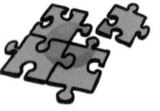

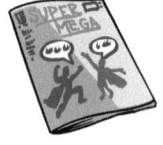

serietidning

κόμικς

legobitar

τουβλάκια lego

klossar

τουβλάκια κατασκευών

actionfigur

φιγούρα δράσης

sparkdräkt

βρεφικό φορμάκι

frisbee

φρίσμπι

mobil

μόμπιλο

brädspel

επιτραπέζιο παιχνίδι

tärning

ζάρια

modelljärnväg

σετ τρενάκι

napp

πιπίλα

party

πάρτι

bilderbok

εικονογραφημένο βιβλίο

boll

μπάλα

docka

κούκλα

spela

παίζω

sandlåda

σκάμμα με άμμο

gunga

κούνια

leksaker

παιχνίδια

spelkonsol

κονσόλα βιντεοπαιχνιδιών

trehjuling

τρίκυκλο

nalle

αρκουδάκι

garderob

ντουλάπα

kläder

ρούχα

sockar

κάλτσες

strumpor

καλτσοδέτες

tights

καλσόν

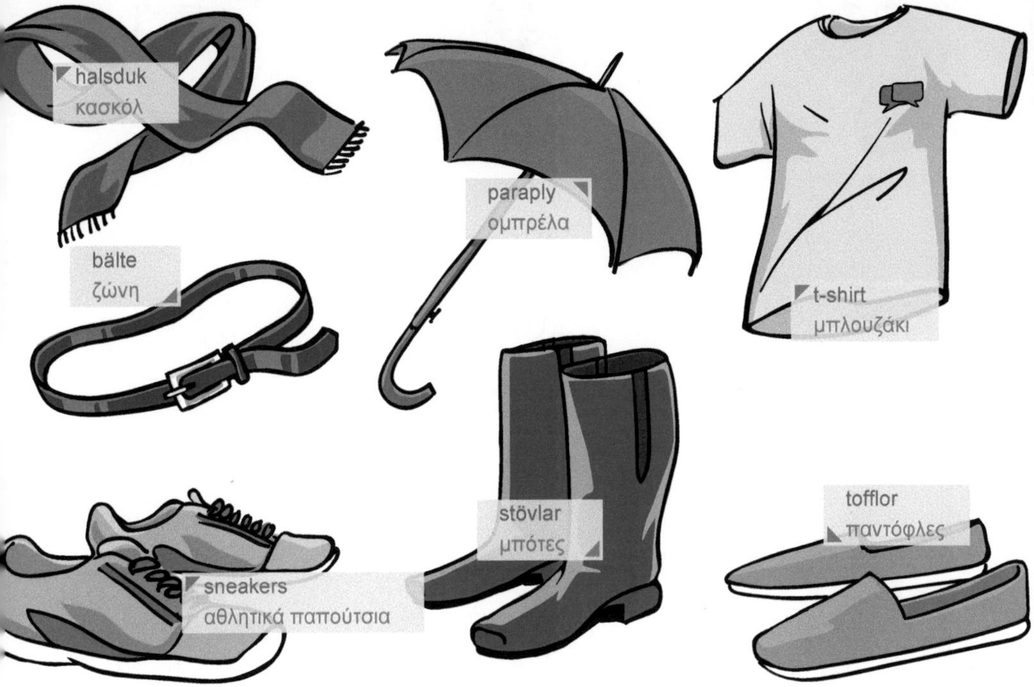

halsduk
κασκόλ

bälte
ζώνη

paraply
ομπρέλα

t-shirt
μπλουζάκι

stövlar
μπότες

sneakers
αθλητικά παπούτσια

tofflor
παντόφλες

sandaler

σανδάλια

skor

παπούτσια

gummistövlar

γαλότσες

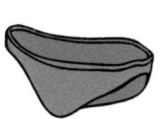

underbyxor

εσώρουχο

BH

σουτιέν

linne

φανέλα

kläder - ρούχα

body
σώμα

byxor
παντελόνι

jeans
τζιν παντελόνι

kjol
φούστα

blus
μπλούζα

skjorta
πουκάμισο

pullover
πουλόβερ

sweater
πουλόβερ

blazer
σακάκι

jacka
μπουφάν

kappa
παλτό

regnjacka
αδιάβροχο πανωφόρι

dräkt
κοστούμι

klänning
φόρεμα

bröllopsklänning
νυφικό

kostym

κοστούμι

nattlinne

νυχτικό

pyjamas

πιτζάμες

sari

σάρι

slöja

μαντήλι

turban

τουρμπάνι

burka

μπούρκα

kaftan

καφτάνι

abaya

μουσουλμανικό ένδυμα

baddräkt

ολόσωμο μαγιό

badbyxor

ανδρικό μαγιό

shorts

σορτς

träningsoverall

αθλητική φόρμα

förkläde

ποδιά

handskar

γάντια

knapp

κουμπί

glasögon

γυαλιά

armband

βραχιόλι

halsband

περιδέραιο

ring

δαχτυλίδι

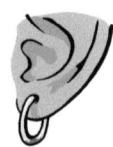

örhänge

σκουλαρίκι

mössa

καπέλο

galge

κρεμάστρα

hatt

καπέλο

slips

γραβάτα

dragkedja

φερμουάρ

hjälm

κράνος

hängslen

τιράντες

skoluniform

μαθητική στολή

uniform

στολή

haklapp

σαλιάρα

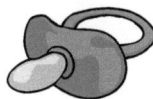

napp

πιπίλα

blöja

πάνα

kontor
γραφείο

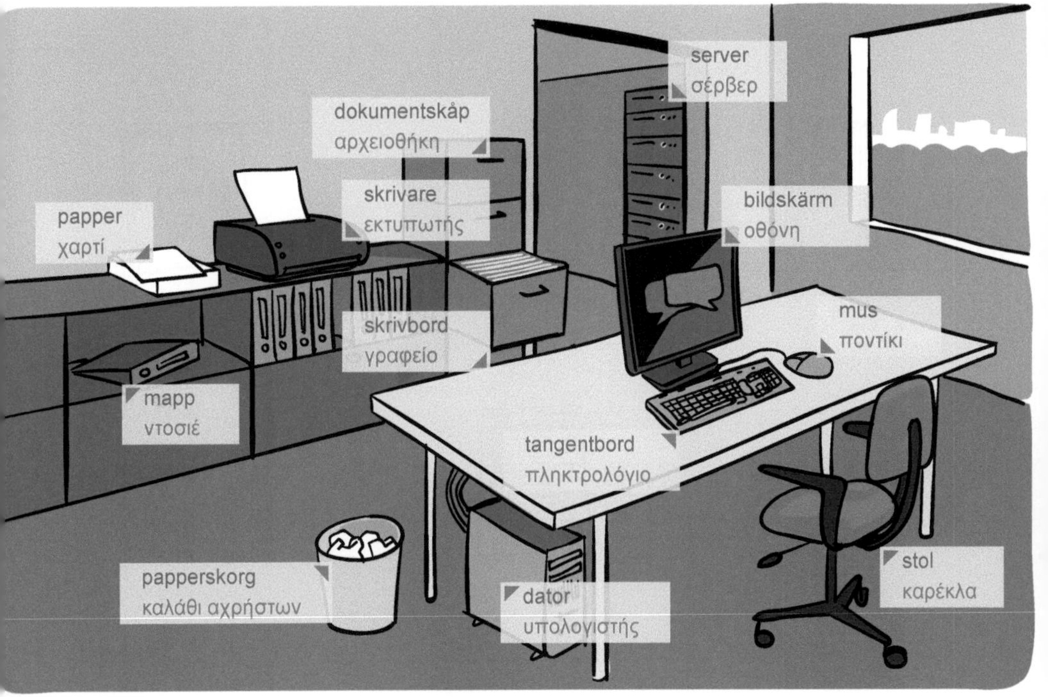

server
σέρβερ

dokumentskåp
αρχειοθήκη

skrivare
εκτυπωτής

bildskärm
οθόνη

papper
χαρτί

skrivbord
γραφείο

mus
ποντίκι

mapp
ντοσιέ

tangentbord
πληκτρολόγιο

stol
καρέκλα

papperskorg
καλάθι αχρήστων

dator
υπολογιστής

kaffemugg

κούπα του καφέ

miniräknare

κομπιουτεράκι

internet

ίντερνετ

bärbar dator

λάπτοπ

brev

γράμμα

meddelande

μήνυμα

mobiltelefon

κινητό

nätverk

δίκτυο

kopieringsapparat

φωτοτυπικό μηχάνημα

programvara

λογισμικό

telefon

τηλέφωνο

vägguttag

πρίζα

fax

συσκευή φαξ

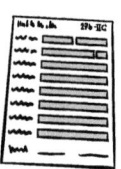

blankett

έντυπο

dokument

έγγραφο

köpa

αγοράζω

betala

πληρώνω

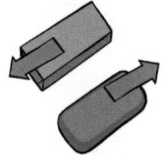

handla

συναλλάσσομαι

pengar

χρήματα

dollar

δολάριο

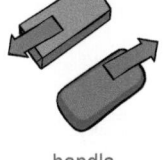

euro

ευρώ

yen

γιεν

rubel

ρούβλι

schweizisk franc

ελβετικό φράγκο

renminbi yan

ρενμίνμπι γιουάν

rupie

ρουπία

bankomat

ATM (αυτόματη ταμειακή μηχανή)

växelkontor

ανταλλακτήρια
συναλλάγματος

guld

χρυσός

silver

ασήμι

olja

πετρέλαιο

energi

ενέργεια

pris

τιμή

kontrakt

συμβόλαιο

skatt

φόρος

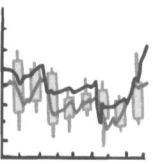

aktie

μετοχή

arbeta

δουλεύω

anställd

υπάλληλος

arbetsgivare

εργοδότης

fabrik

εργοστάσιο

affär

κατάστημα

yrken
επαγγέλματα

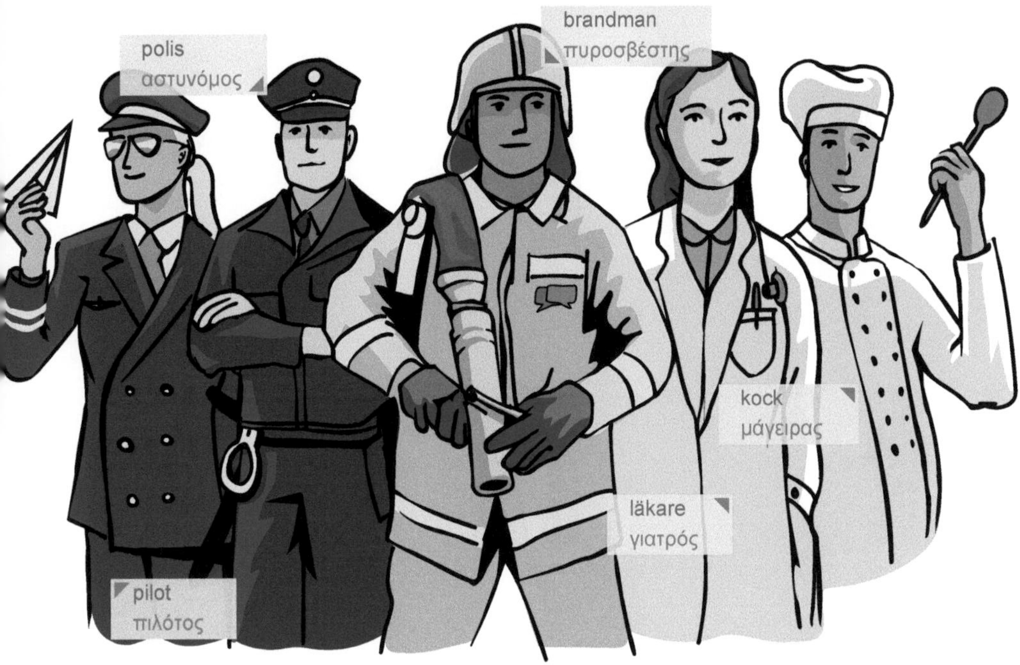

polis
αστυνόμος
brandman
πυροσβέστης
kock
μάγειρας
läkare
γιατρός
pilot
πιλότος

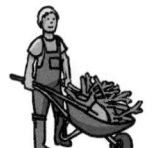

trädgårdsmästare

κηπουρός

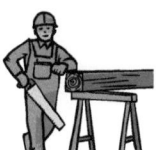

snickare

ξυλουργός

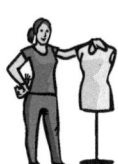

sömmerska

μοδίστρα

domare

δικαστής

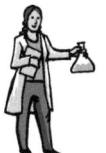

kemist

χημικός

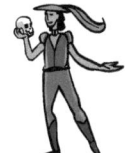

skådespelare

ηθοποιός

busschaufför

οδηγός λεωφορείου

taxichaufför

ταξιτζής

fiskare

ψαράς

städerska

καθαρίστρια

takläggare

τεχνίτης στεγών

servitör

σερβιτόρος

jägare

κυνηγός

målare

ζωγράφος

bagare

αρτοποιός

elektriker

ηλεκτρολόγος

byggarbetare

οικοδόμος

ingenjör

μηχανολόγος

slaktare

κρεοπώλης

rörmokare

υδραυλικός

brevbärare

ταχυδρόμος

soldat

στρατιώτης

arkitekt

αρχιτέκτονας

kassör

ταμίας

florist

ανθοπώλης

frisör

κομμωτής

konduktör

ελεγκτής εισιτηρίων

mekaniker

μηχανικός

kapten

καπετάνιος

tandläkare

οδοντίατρος

vetenskapsman

επιστήμονας

rabbin

ραβίνος

imam

ιμάμης

munk

μοναχός

präst

ιερέας

verktyg

εργαλεία

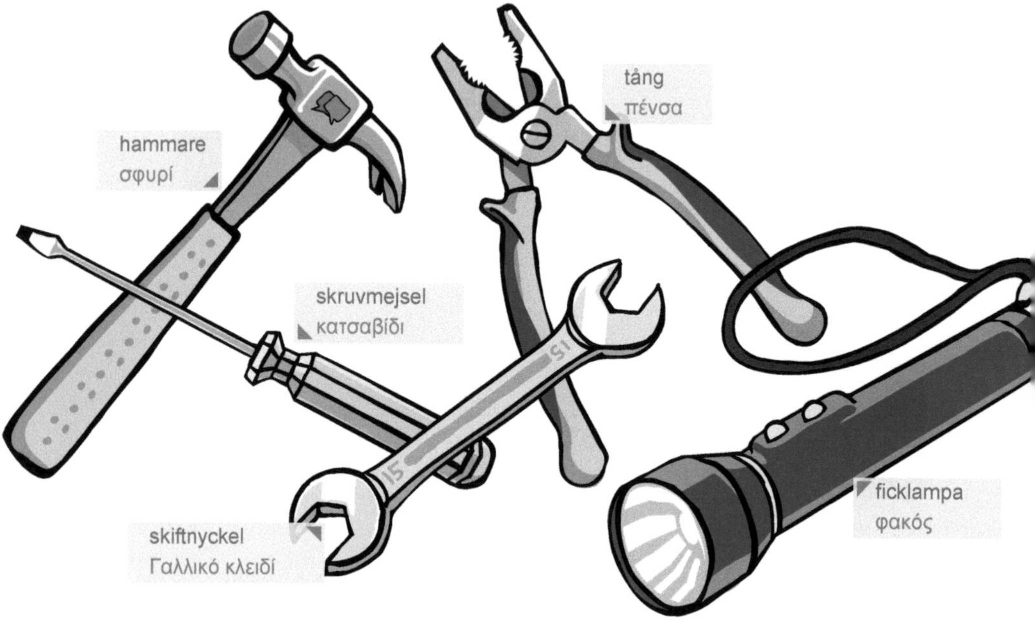

hammare
σφυρί
tång
πένσα
skruvmejsel
κατσαβίδι
skiftnyckel
Γαλλικό κλειδί
ficklampa
φακός

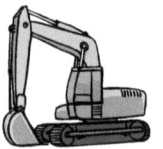

grävmaskin

εκσκαφέας

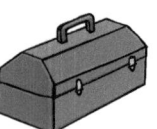

verktygslåda

εργαλειοθήκη

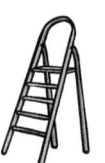

stege

σκάλα

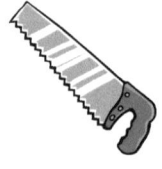

såg

πριόνι

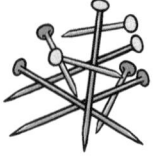

spik

καρφιά

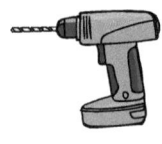

borr

τρυπάνι

reparera

επισκευάζω

spade

φτυάρι

Helvete!

Να πάρει!

sopskyffel

φαράσι

färgburk

δοχείο χρωμάτων

skruvar

βίδες

musikinstrument
μουσικά όργανα

trummor
ντραμς

högtalare
μεγάφωνο

kontrabas
κοντραμπάσο

trumpet
τρομπέτα

gitarr
κιθάρα

piano

πιάνο

violin

βιολί

bas

μπάσο

timpani

τύμπανα

trumma

τύμπανο

keyboard

πλήκτρα

saxofon

σαξόφωνο

flöjt

φλάουτο

mikrofon

μικρόφωνο

ZOO

ζωολογικός κήπος

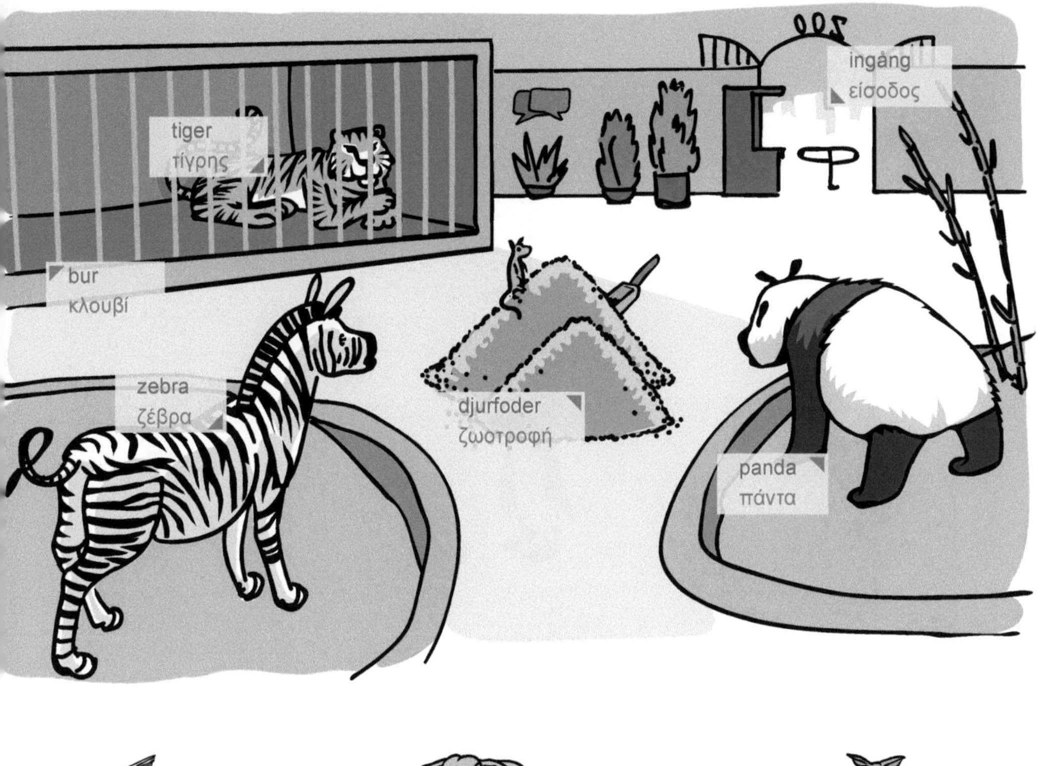
tiger
τίγρης
ingång
είσοδος
bur
κλουβί
zebra
ζέβρα
djurfoder
ζωοτροφή
panda
πάντα

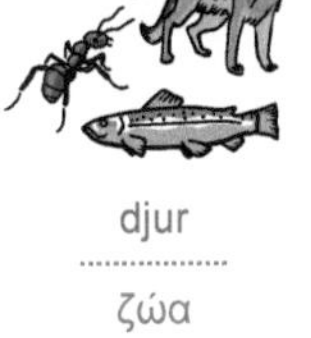

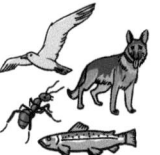

djur

ζώα

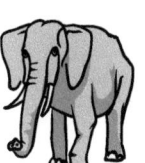

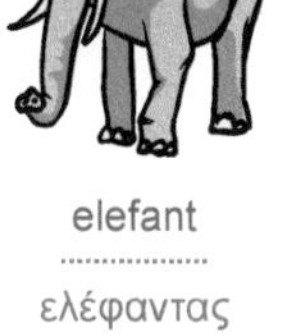

elefant

ελέφαντας

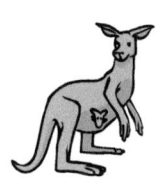

känguru

καγκουρό

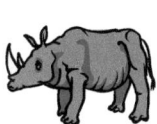

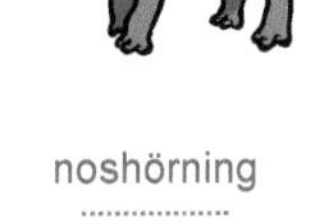

noshörning

ρινόκερος

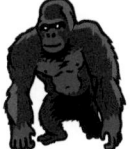

gorilla

γορίλας

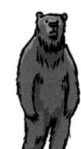

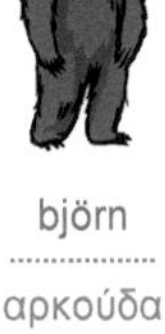

björn

αρκούδα

kamel

καμήλα

struts

στρουθοκάμηλος

lejon

λιοντάρι

apa

πίθηκος

flamingo

φλαμίνγκο

papegoja

παπαγάλος

isbjörn

πολική αρκούδα

pingvin

πιγκουίνος

haj

καρχαρίας

påfågel

παγώνι

orm

φίδι

krokodil

κροκόδειλος

djurskötare

φύλακας ζωολογικού κήπου

säl

φώκια

jaguar

τζάγκουαρ

zoo - ζωολογικός κήπος

ponny

πόνυ

leopard

λεοπάρδαλη

flodhäst

ιπποπόταμος

giraff

καμηλοπάρδαλη

örn

αετός

vildsvin

αγριογούρουνο

fisk

ψάρι

sköldpadda

χελώνα

valross

θαλάσσιος ίππος

räv

αλεπού

gazell

γαζέλα

amerikansk fotboll
Αμερικάνικο ποδόσφαιρο

cykling
ποδηλασία

tennis
αντισφαίριση

basket
μπάσκετ

simning
κολύμβηση

boxning
πυγχαμία

ishockey
χόκεϋ επί πάγου

fotboll

ποδόσφαιρο

badminton

μπάντμιντον

friidrott

στίβος

handboll

χάντμπολ

skidåkning

σκι

polo

πόλο

aktiviteter
δραστηριότητες

hoppa
πηδάω
krama
αγκαλιάζω
skratta
γελάω
gå
περπατάω
sjunga
τραγουδάω
drömma
ονειρεύομαι
be
προσεύχομαι
kyssa
φιλάω

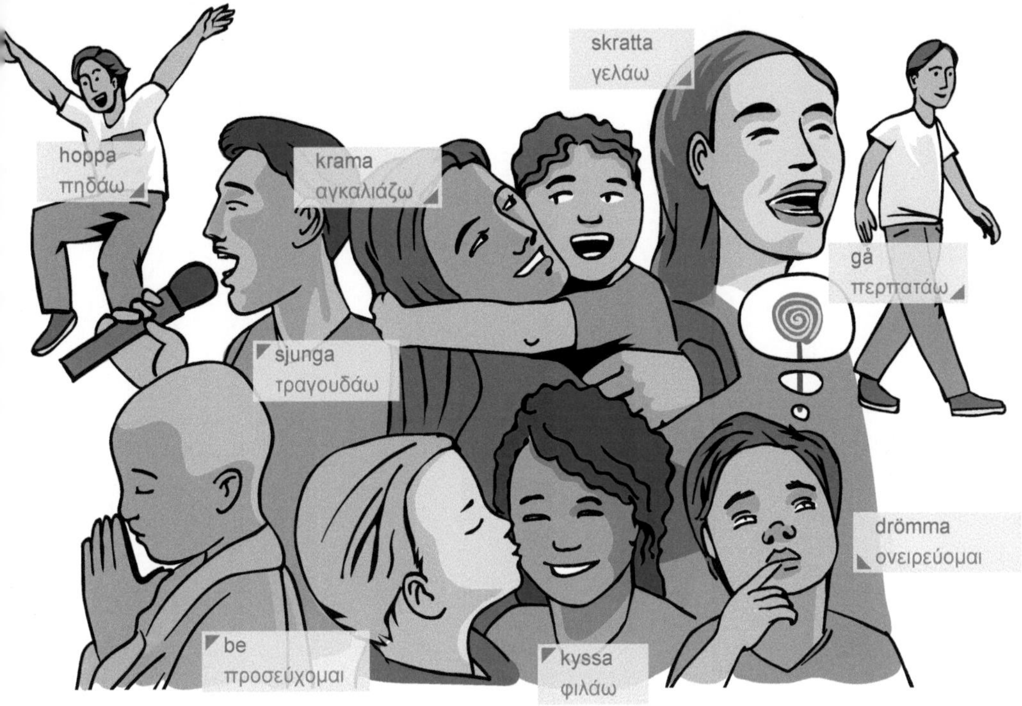

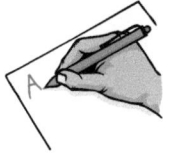

skriva
γράφω

rita
σχεδιάζω

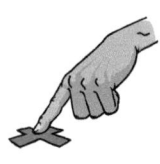

visa
δείχνω

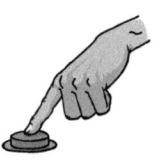

skjuta
πιέζω

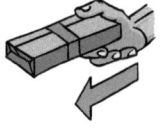

ge
δίνω

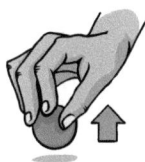

ta
παίρνω

hagel

έχω

göra

κάνω

vara

είμαι

stå

στέκομαι

springa

τρέχω

dra

τραβάω

kasta

ρίχνω

falla

πέφτω

ligga

ξαπλώνω

vänta

περιμένω

bära

κουβαλώ

sitta

κάθομαι

klä på

φοράω

sova

κοιμάμαι

vakna

ξυπνάω

se på

κοιτάω

gråta

κλαίω

smeka

χαϊδεύω

kamma

χτενίζω

prata

μιλάω

förstå

καταλαβαίνω

fråga

ρωτάω

höra

ακούω

dricka

πίνω

äta

τρώω

städa

συγυρίζω

älska

αγαπάω

laga mat

μαγειρεύω

köra

οδηγώ

flyga

πετάω

segla

κάνω ιστιοπλοΐα

räkna

υπολογίζω

läsa

διαβάζω

lära sig

μαθαίνω

arbeta

δουλεύω

gifta sig

παντρεύομαι

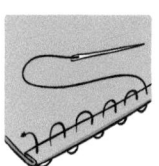

sy

ράβω

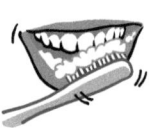

borsta tänderna

βουρτσίζω τα δόντια

döda

σκοτώνω

röka

καπνίζω

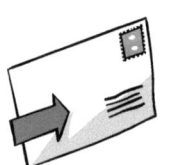

skicka

στέλνω

familj
οικογένεια

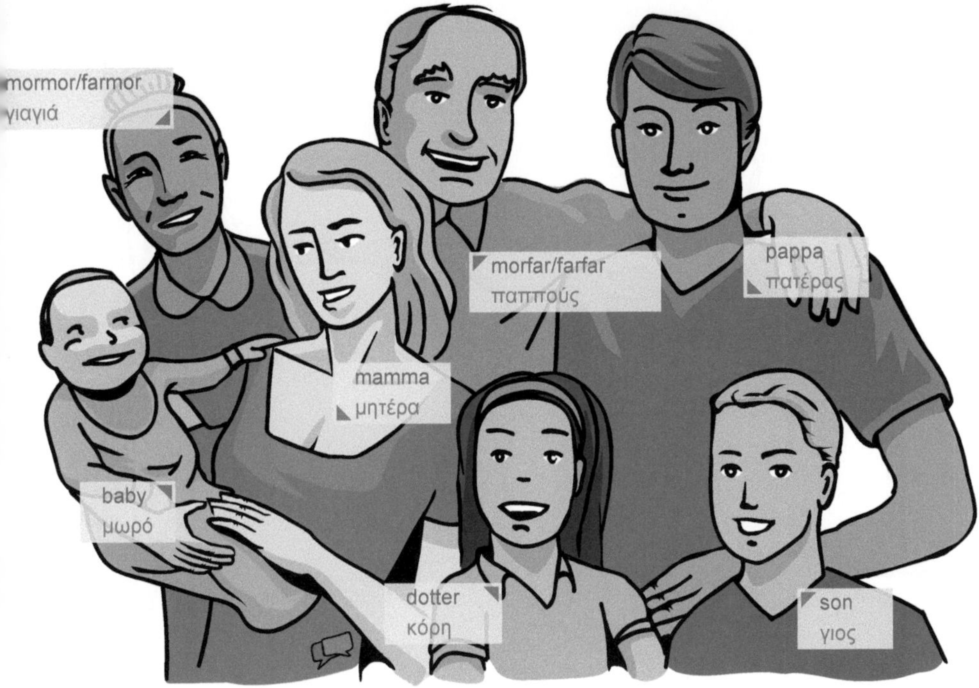

mormor/farmor
γιαγιά
morfar/farfar
παππούς
pappa
πατέρας
mamma
μητέρα
baby
μωρό
dotter
κόρη
son
γιος

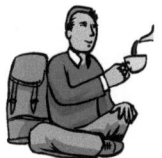

gäst
καλεσμένος

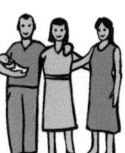

moster/faster
θεία

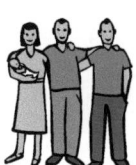

farbror/morbror
θείος

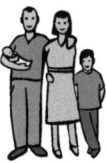

bror
αδελφός

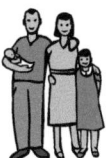

syster
αδελφή

kropp

σώμα

panna
μέτωπο
öga
μάτι
skuldra
ώμος
finger
δάχτυλο
ansikte
πρόσωπο
haka
πιγούνι
hand
χέρι
bröst
στήθος
ben
πόδι
arm
βραχίονας

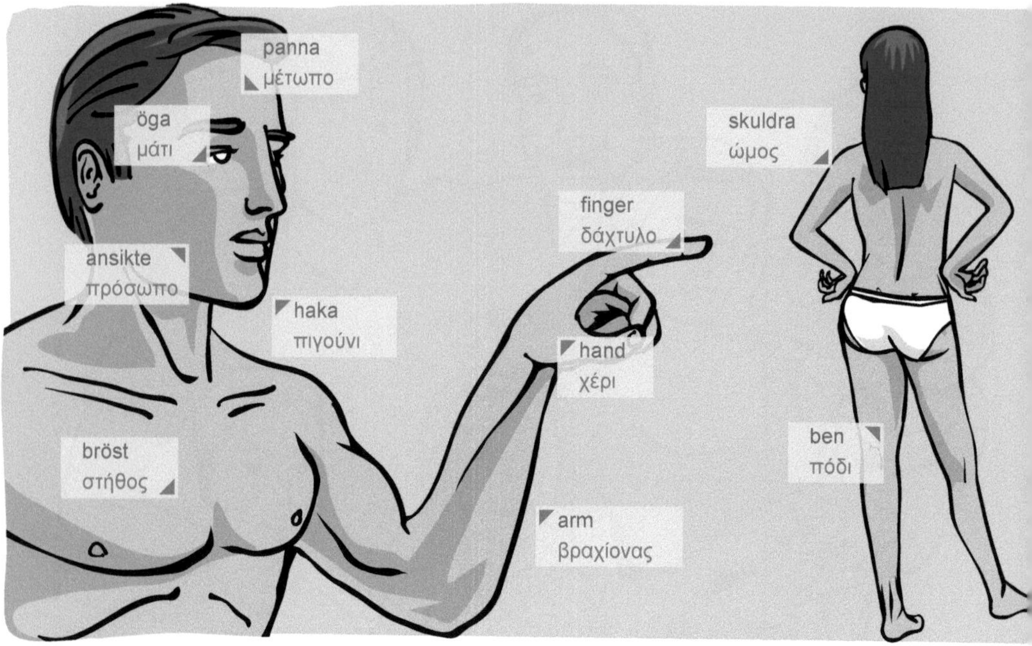

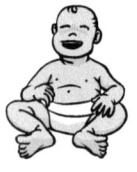

baby

μωρό

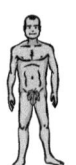

man

άνδρας

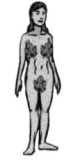

kvinna

γυναίκα

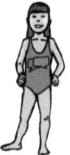

flicka

κορίτσι

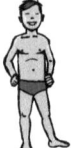

pojke

αγόρι

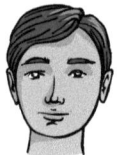

huvud

κεφάλι

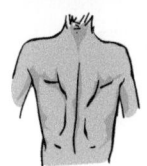

rygg

πλάτη

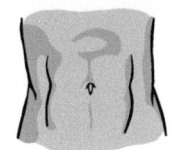

mage

κοιλιά

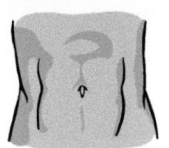

navel

αφαλός

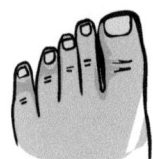

tå

δάχτυλο ποδιού

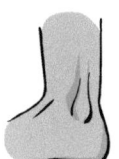

häl

φτέρνα

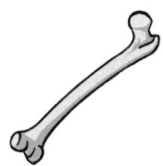

ben

κόκκαλο

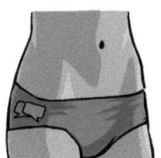

höft

γοφός

knä

γόνατο

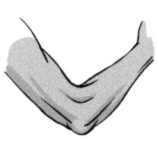

armbåge

αγκώνας

näsa

μύτη

stjärt

γλουτός

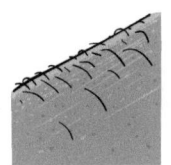

hud

δέρμα

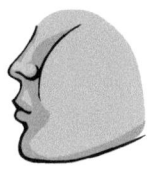

kind

μάγουλο

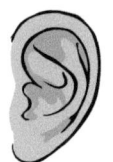

öra

αυτί

läpp

χείλος

mun

στόμα

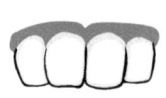

tand

δόντι

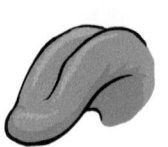

tunga

γλώσσα

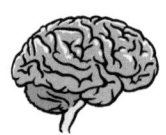

hjärna

εγκέφαλος

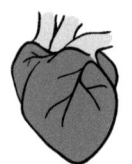

hjärta

καρδιά

muskel

μυς

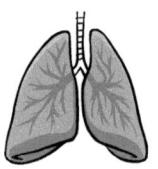

lunga

πνεύμονας

lever

συκώτι

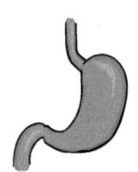

magsäck

στομάχι

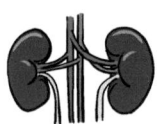

njurar

νεφρά

sex

σεξουαλική επαφή

kondom

προφυλακτικό

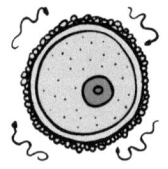

äggcell

ωάριο

sperma

σπέρμα

graviditet

εγκυμοσύνη

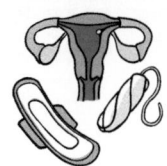

menstruation

περίοδος

vagina

γυναικείος κόλπος

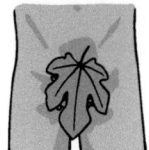

penis

πέος

ögonbryn

φρύδι

hår

μαλλιά

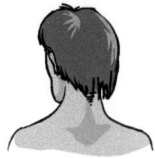

nacke

λαιμός

sjukhus
νοσοκομείο

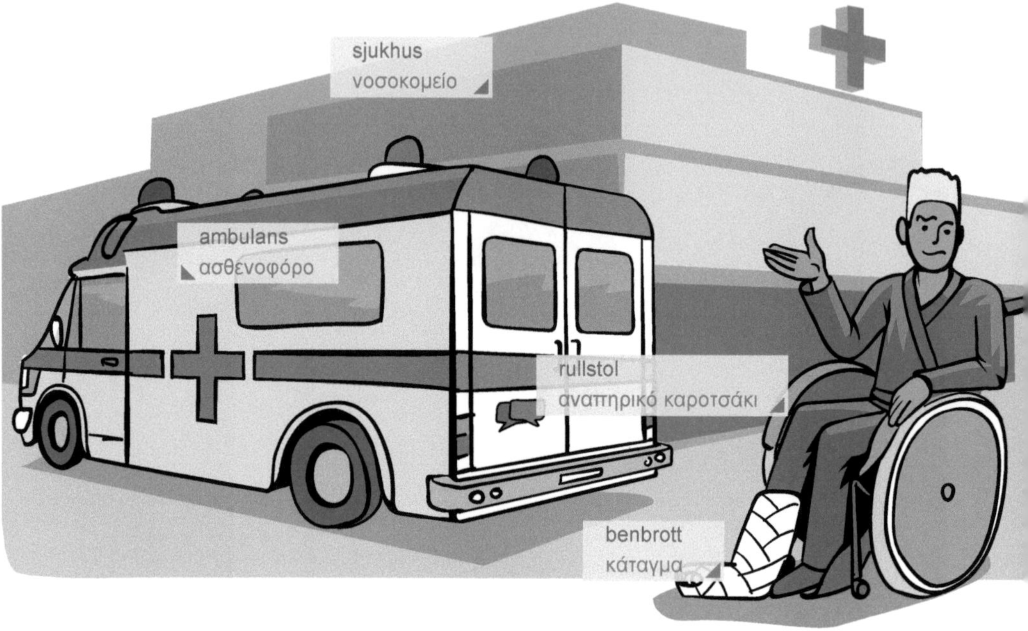

sjukhus
νοσοκομείο
ambulans
ασθενοφόρο
rullstol
αναπηρικό καροτσάκι
benbrott
κάταγμα

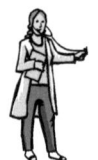

läkare

γιατρός

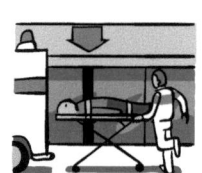

akutmottagning

μονάδα εντατικής θεραπείας

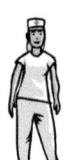

sjuksköterska

νοσοκόμα

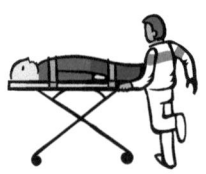

nödsituation

έκτακτη ανάγκη

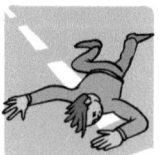

medvetslös

λιπόθυμος

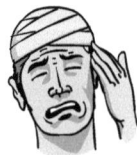

smärta

πόνος

skada

τραύμα

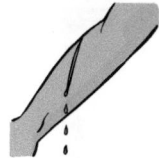

blödning

αιμορραγία

hjärtattack

έμφραγμα

slaganfall

εγκεφαλικό

allergi

αλλεργία

hosta

βήχας

feber

πυρετός

influensa

γρίπη

diarré

διάρροια

huvudvärk

πονοκέφαλος

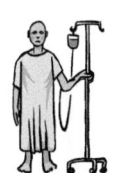

cancer

καρκίνος

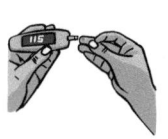

diabetes

διαβήτης

kirurg

χειρουργός

skalpell

νυστέρι

operation

εγχείρηση

CT

αξονική τομογραφία

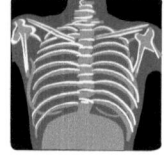

röntgen

ακτινογραφία

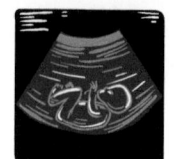

ultraljud

υπέρηχος

ansiktsmask

μάσκα

sjukdom

ασθένεια

väntsal

αίθουσα αναμονής

krycka

πατερίτσα

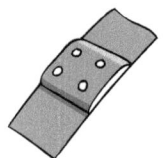

plåster

χάνσαπλαστ

bandage

επίδεσμος

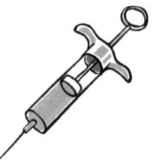

injektion

ένεση

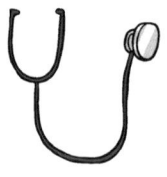

stetoskop

στηθοσκόπιο

bår

φορείο

termometer

θερμόμετρο

födsel

γέννηση

övervikt

υπέρβαρο

hörapparat

ακουστικό βαρηκοΐας

desinfektionsmedel

αντισηπτικό

infektion

λοίμωξη

virus

ιός

HIV / AIDS

HIV/AIDS

medicin

φάρμακο

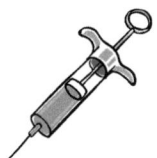

vaccination

εμβολιασμός

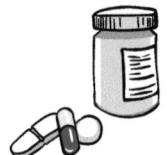

tabletter

δισκία

p-piller

χάπι

nödsamtal

κλήση έκτακτης ανάγκης

blodtrycksmätare

πιεσόμετρο αίματος

sjuk / frisk

άρρωστος / υγιής

Hjälp!

Βοήθεια!

alarm

συναγερμός

överfall

βιαιοπραγία

misshandel

επίθεση

fara

κίνδυνος

nödutgång

έξοδος κινδύνου

Det brinner!

Φωτιά!

brandsläckare

πυροσβεστήρας

olycka

ατύχημα

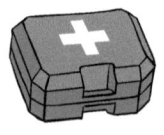

förbandslåda

κουτί πρώτων βοηθειών

SOS

SOS

polis

αστυνομία

Europa

Ευρώπη

Nordamerika

Βόρεια Αμερική

Sydamerika

Νότια Αμερική

Afrika

Αφρική

Asien

Ασία

Australien

Αυστραλία

Atlanten

Ατλαντικός Ωκεανός

Stilla Havet

Ειρηνικός Ωκεανός

Indiska Oceanen

Ινδικός Ωκεανός

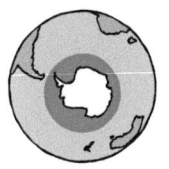

Antarktiska Oceanen

Ανταρκτικός Ωκεανός

Arktiska Oceanen

Αρκτικός Ωκεανός

Nordpol

Βόρειος Πόλος

Sydpol

Νότιος Πόλος

Antarktis

Ανταρκτική

Jorden

Γη

land

γη

hav

θάλασσα

ö

νησί

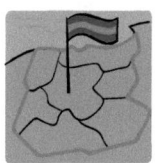

nation

έθνος

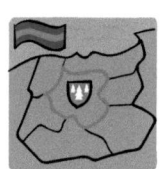

stat

πολιτεία

urtavla

καντράν ρολογιού

timvisare

ωροδείκτης

minutvisare

λεπτοδείκτης

sekundvisare

δείκτης δευτερολέπτων

Vad är klockan?

Τι ώρα είναι;

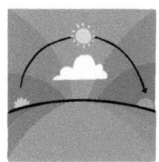

dag

ημέρα

tid

χρόνος

nu

τώρα

digital klocka

ψηφιακό ρολόι

minut

λεπτό

timme

ώρα

vecka

εβδομάδα

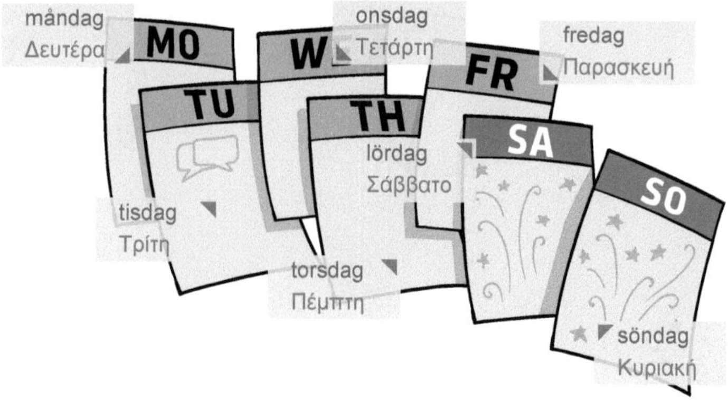

måndag Δευτέρα **MO**

TU

tisdag Τρίτη

onsdag Τετάρτη **W**

TH

torsdag Πέμπτη

FR fredag Παρασκευή

lördag Σάββατο **SA**

SO

söndag Κυριακή

MON
TUE
2 1

igår

χθες

TUE
2

idag

σήμερα

TUE
3

imorgon

αύριο

morgon

πρωί

middag

μεσημέρι

kväll

βράδυ

MO	TU	WE	TH	FR	SA	SU
1	2	3	4	5	6	7
8	9	10	11	12	13	14
15	16	17	18	19	20	21
22	23	24	25	26	27	28
29	30	31	1	2	3	4

vardagar

εργάσιμες ημέρες

MO	TU	WE	TH	FR	SA	SU
1	2	3	4	5	6	7
8	9	10	11	12	13	14
15	16	17	18	19	20	21
22	23	24	25	26	27	28
29	30	31	1	2	3	4

helg

Σαββατοκύριακο

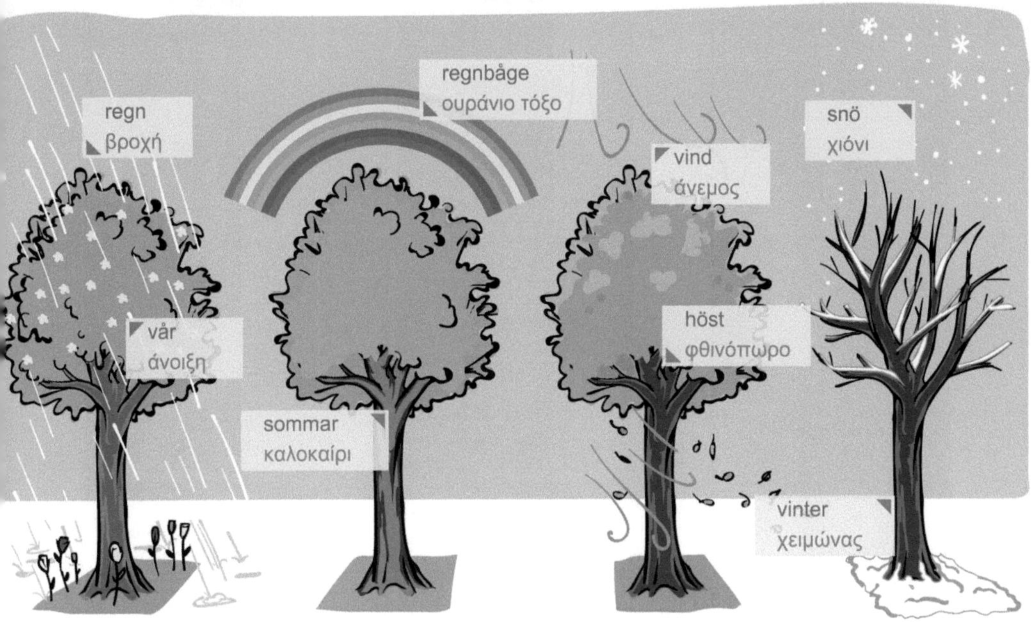

regn
βροχή
regnbåge
ουράνιο τόξο
vind
άνεμος
snö
χιόνι
vår
άνοιξη
höst
φθινόπωρο
sommar
καλοκαίρι
vinter
χειμώνας

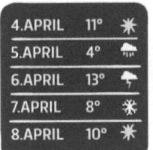

4.APRIL 11°
5.APRIL 4°
6.APRIL 13°
7.APRIL 8°
8.APRIL 10°

väderprognos
πρόγνωση καιρού

F
C
120
90
60
30
0
-30
40
30
20
10
0
-10
-20

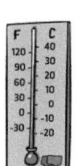

termometer
θερμόμετρο

solsken
λιακάδα

moln
σύννεφο

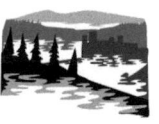

dimma
ομίχλη

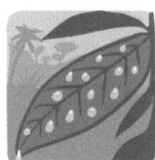

luftfuktighet
υγρασία

blixt

αστραπή

åska

κεραυνός

storm

καταιγίδα

hagel

χαλάζι

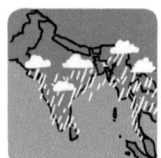

monsun

μουσώνας

översvämning

πλημμύρα

is

πάγος

januari

Ιανουάριος

februari

Φεβρουάριος

mars

Μάρτιος

april

Απρίλιος

maj

Μάιος

juni

Ιούνιος

juli

Ιούλιος

augusti

Αύγουστος

år - έτος

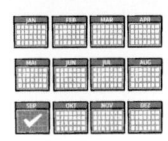

september
Σεπτέμβριος

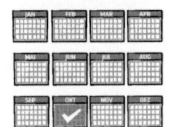

oktober
Οκτώβριος

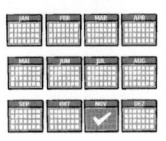

november
Νοέμβριος

december
Δεκέμβριος

former
σχήματα

cirkel
κύκλος

kvadrat
τετράγωνο

rektangel
ορθογώνιο
παραλληλόγραμμο

triangel
τρίγωνο

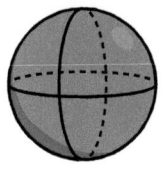

sfär
σφαίρα

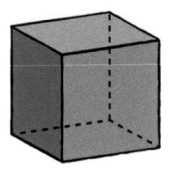

kub
κύβος

vit

άσπρο

gul

κίτρινο

orange

πορτοκαλί

rosa

ροζ

röd

κόκκινο

lila

μωβ

blå

μπλε

grön

πράσινο

brun

καφέ

grå

γκρι

svart

μαύρο

mycket / lite

πολύ / λίγο

arg / lugn

θυμωμένος / ήρεμος

vacker / ful

όμορφος / άσχημος

början / slut

αρχή / τέλος

stor / liten

μεγάλος / μικρός

ljus / mörk

φωτεινός / σκοτεινός

bror / syster

αδελφός / αδελφή

ren / smutsig

καθαρός / λερωμένος

komplett / ofullständig

πλήρης / ατελής

dag / natt

ημέρα / νύχτα

död / levande

νεκρός / ζωντανός

bred / smal

φαρδύς / στενός

ätlig / oätlig

βρώσιμος / μη βρώσιμος

ond / god

κακός / ευγενικός

upphetsad / uttråkad

ενθουσιασμένος /
βαριεστημένος

tjock / smal

παχύς / λεπτός

först / sist

πρώτος / τελευταίος

vän / fiende

φίλος / εχθρός

full / tom

γεμάτος / άδειος

hård / mjuk

σκληρός / μαλακός

tung / lätt

βαρύς / ελαφρύς

hunger / törst

πείνα / δίψα

sjuk / frisk

άρρωστος / υγιής

olaglig / laglig

παράνομος / νόμιμος

intelligent / dum

έξυπνος / χαζός

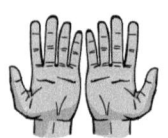

vänster / höger

αριστερός / δεξιός

nära / långt bort

κοντινός / μακρινός

ny / begagnad

καινούριος / μεταχειρισμένος

inget / något

τίποτα / κάτι

gammal / ung

γέρος | νέος

på / av

αναμμένος / σβηστός

öppen / stängd

ανοιχτός / κλειστός

tyst / högljudd

χαμηλόφωνος / μεγαλόφωνος

rik / fattig

πλούσιος / φτωχός

rätt / fel

σωστός / λανθασμένος

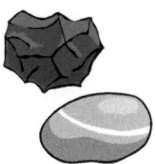

grov / slät

τραχύς / λείος

ledsen / glad

λυπημένος / χαρούμενος

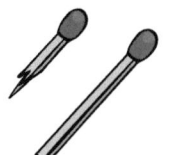

kort / lång

κοντός / μακρύς

långsam / snabb

αργός / γρήγορος

våt / torr

υγρός / στεγνός

varm / sval

ζεστός / δροσερός

krig / fred

πόλεμος / ειρήνη

0	**1**	**2**
noll	ett	två
μηδέν	ένα	δύο

3	**4**	**5**
tre	fyra	fem
τρία	τέσσερα	πέντε

6	**7**	**8**
sex	sju	åtta
έξι	εφτά	οκτώ

9	**10**	**11**
nio	tio	elva
εννιά	δέκα	έντεκα

12

tolv
δώδεκα

13

tretton
δεκατρία

14

fjorton
δεκατέσσερα

15

femton
δεκαπέντε

16

sexton
δεκαέξι

17

sjutton
δεκαεφτά

18

arton
δεκαοκτώ

19

nitton
δεκαεννέα

20

tjugo
είκοσι

100

hundra
εκατό

1.000

tusen
χίλια

1.000.000

miljon
εκατομμύριο

engelska

Αγγλικά

amerikansk engelska

Αμερικάνικα Αγγλικά

kinesisk mandarin

Μανδαρίνικα Κινέζικα

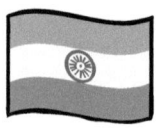

hindi

Χίντι

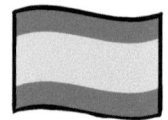

spanska

Ισπανικά

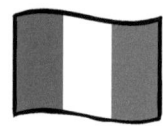

franska

Γαλλικά

arabiska

Αραβικά

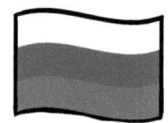

ryska

Ρώσικα

portugisiska

Πορτογαλικά

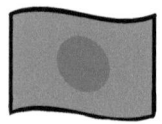

bengali

Μπενγκάλι

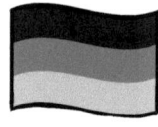

tyska

Γερμανικά

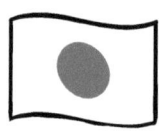

japanska

Ιαπωνικά

jag

εγώ

du

εσύ

han / hon / den (det)

αυτός / αυτή / αυτό

vi

εμείς

ni

εσείς

de

αυτοί / αυτές / αυτά

vem?

ποιος / ποια / ποιο;

vad?

τι;

hur?

πώς;

var?

πού;

när?

πότε;

namn

όνομα

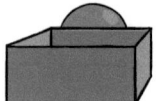

bakom

πίσω

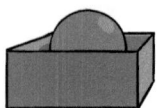

i

μέσα

framför

μπροστά

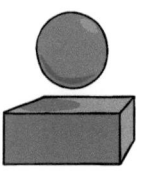

över

πάνω από

på

πάνω

under

κάτω

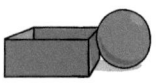

bredvid

δίπλα

mellan

ανάμεσα

plats

μέρος